Christina Buchner

Der Räuber Thalamus und andere Geschichten

D1731192

Christina Buchner

Der Räuber Thalamus und andere Geschichten

Brainstories zur Lernbiologie für Eltern und Pädagogen

Illustriert von Silvia Wimmer

VAK Verlags GmbH
Kirchzarten bei Freiburg

Hinweis des Verlags

Dieses Buch informiert über Gehirnvorgänge beim Lernen. Die vorgeschlagenen Übungen und Verfahrensweisen dienen dem pädagogischen Ziel, das Lernen zu erleichtern. Sie haben sich als sicher und effektiv bewährt. Wer sie anwendet, tut dies in eigener Verantwortung. Die Autorin und der Verlag beabsichtigen nicht, Diagnosen zu stellen oder Therapieempfehlungen zu geben.

Die Deutsche Bibliothek – CIP-Einheitsaufnahme

Buchner, Christina:
Der Räuber Thalamus und andere Geschichten : Brainstories zur Lernbiologie für Eltern und Pädagogen / Christina Buchner. [Zeichn.: Silvia Wimmer]. – Kirchzarten bei Freiburg : VAK, 1998
ISBN 3-932098-32-3

© VAK Verlags GmbH, Kirchzarten bei Freiburg 1998
Zeichnungen: Silvia Wimmer
Lektorat, Satz und Layout: Norbert Gehlen
Druck: Media-Print, Paderborn
Printed in Germany
ISBN 3-932098-32-3

Inhalt

Wie die Brainstories entstanden sind

Warum haben manche Kinder – und es werden derer im Lauf der Jahre immer mehr – so enorme Schwierigkeiten, die Kulturtechniken des Lesens, Schreibens und Rechnens zu erlernen? Diese Frage ist für mich zentral, seit ich begonnen habe, mich mit Pädagogik und Didaktik zu beschäftigen, also seit circa dreißig Jahren.

Während meiner Ausbildung wurde jedoch diesem Aspekt des Lernens nur sehr wenig Aufmerksamkeit geschenkt. Eine Ausnahme bildete die (damals gerade ins pädagogische Blickfeld gerückte) Legasthenie. Doch auch hier begnügte man sich damit, nur an der Oberfläche zu argumentieren, indem als Symptome einer Legasthenie zum Beispiel Raum-Lage-Labilität, Lautdifferenzierungsschwäche oder Speicherschwäche genannt wurden und die Ursachen als unbekannt, wahrscheinlich durch eine angeborene oder erworbene Disposition bedingt, bezeichnet wurden. (1)

Die angebotenen Trainingsprogramme konnten demnach auch nur am Symptom arbeiten, indem das Erkennen der richtigen Raumlage, das Heraushören bestimmter Laute aus Wörtern und Sätzen, das Erinnern von Buchstaben auf alle erdenklichen Arten wieder und wieder geübt wurde.

Diese Situation machte mich in zweierlei Hinsicht sehr unzufrieden:
- Ich war nicht in der Lage, den Kindern wirklich zu erklären, warum sie schwerer auffaßten als andere. „Du hast Probleme, dir Buchstaben zu merken", war für mich keine Erklärung, sondern eine Etikettierung, die für die Kinder wahrscheinlich nichts anderes bedeutete als: „Du bist eben dümmer als andere."
- Die Arbeit mit den Trainingsprogrammen, die es damals gab (2), stellte sich als außerordentlich zeitraubend und sehr wenig effektiv heraus.

Einen ersten Lichtblick in dieser Situation bedeutete für viele Lehrer, denen es ähnlich wie mir erging, das damals bahnbrechende Buch von Frederic Vester: *Denken, Lernen, Vergessen.* (3) Zum ersten Mal wurde erklärt, was im Gehirn passiert, wenn gelernt, erinnert oder vergessen wird. Eine „typische" Stelle daraus möchte ich hier zitieren:

> „Eine andere Erfahrung, die wohl jeder aus der Schulzeit kennt: Man hat etwas gelernt. Gut gelernt. Aber plötzlich, ganz unvermittelt darauf angesprochen, schreckt man hoch – weil man vielleicht gerade mit seinen Gedanken woanders war –, und alles ist wie weggewischt.
>
> Es ist gegen Mittag, die letzte Schulstunde hat begonnen. Die Klasse döst vor sich hin. Der Lehrer wiederholt: „Wir haben in der vorhergehenden Stunde den Flächeninhalt eines Quadrats besprochen. Da

haben wir eine ganz einfache Methode gelernt ...“ Marlene hört schon nicht mehr zu, schaut ihrer Nachbarin ins Aufgabenheft. „... Wieviel ist denn 17 zum Quadrat? – Marlene?“ Sie erschrickt, steht auf, überlegt nervös, schaut an die Decke – natürlich, sie weiß es doch. „Nun, Marlene? – 17 zum Quadrat?“

Sie ist verwirrt. Hilflos suchen ihre Gedanken im Kopf umher.

„Wie kriegt man den Flächeninhalt von einem Quadrat?“

Sie beginnt zu stottern: „Das ist – ich hab's noch gewußt ...“

„Hast du es wiederholt?“

„Ja, ganz bestimmt. Noch heute morgen ... bestimmt, ich hab's gelernt!...“

   Der Lehrer zückt sein Notenbüchlein. Eine Mitschülerin sagt die richtige Antwort. Marlene, verwirrt, enttäuscht von sich selbst, setzt sich wieder hin.“

Vester erklärt nun, daß in einem Fall wie dem geschilderten bei Marlene Streßhormone – Adrenalin und Noradrenalin – ausgeschüttet werden, die ihren Körper schlagartig auf das Erbringen von Höchstleistungen programmieren. Weiter heißt es:

„Doch tief im Innern unseres Gehirns tun diese Streßhormone noch etwas ganz anderes: Sie beeinflussen die Schaltstellen zwischen den Neuronen. ...

Überall dort, wo die einzelnen Nervenfasern miteinander in Kontakt stehen, befinden sich ja jene eigenen, knopfartigen Schaltstellen, die Synapsen, die wir schon beschrieben haben. Wir haben erfahren, daß in diesen Schaltstellen viele kleine Bläschen enthalten sind, die zur Weiterleitung eines ankommenden Impulses platzen müssen, um die in ihnen enthaltene Transmitter-Flüssigkeit in den Spalt zwischen der Synapse und der angeschlossenen Faser zu schießen. Man sagt, die Synapsen müssen feuern. Und genau dieser Vorgang kann durch die Streßhormone gestört oder gar unterbunden werden. ...

Das Ganze ist eine natürliche Blockade durch den Streßmechanismus ...“ (4) (Hervorhebung: Chr. Buchner)

Ich fand es sehr tröstlich, einem Schüler nun erklären zu können, daß er nicht etwa zu dumm war, um sich etwas zu merken, sondern daß durch streßbedingte Vorgänge etwas eigentlich gut Gespeichertes momentan im Gehirn einfach „verschwinden“ kann. Ich wünschte mir, solche Erklärungen für verschiedene Situationen, die im Unterricht immer wieder auftreten, geben zu können.

Inzwischen war ich im Jahre 1987 auch auf die Edukinestetik (5) gestoßen und hatte mit der gezielten Verknüpfung von Lernen und Bewegung sehr gute Erfahrungen gemacht. Während ich nun daran arbeitete, mein eigenes Bewegungsprogramm (6) zu entwickeln, beschäftigte ich mich intensiv mit neurologischer Fachliteratur. Ich suchte immer noch Antwort auf die Frage: Warum ist das Lernen für manche Kinder so schwierig?

Gleichzeitig suchte ich nach einer kindgemäßen und leicht verständlichen Art, meinen Schülern neurologische Zusammenhänge zu verdeutlichen.

Mir war und ist es wichtig, daß Kinder verstehen, warum ...

– sie manchmal etwas sofort begreifen und ein anderes Mal nicht;
– sie zu Hause etwas können und in der Schule plötzlich nicht mehr;
– regelmäßiges und häufiges Üben so wichtig ist;
– viele verschiedene Arbeitsweisen zu einem Thema den Erfolg wahrscheinlicher machen;
– manche Kinder für eine nicht so schöne Schrift mehr gelobt werden als andere Kinder für regelrechte „Kunstwerke";
– es kein Zeichen von „Dummheit" ist, wenn bestimmte Lerninhalte nicht auf Anhieb „sitzen".

Aus meinen verschiedenen Bemühungen sind mehrere Resultate entstanden:
• mein eigenes Bewegungsprogramm,
• eigene didaktische Vorgehensweisen für den Lese-, Schreib- und Rechenunterricht und
• die hier vorliegenden „Brainstories".

Sinn und Zweck der Brainstories

Ich habe die Erfahrung gemacht, daß meine Schüler viel bereitwilliger üben, wenn sie verstehen, was dabei in ihnen vorgeht. Natürlich ist es nicht ganz falsch, einfach zu behaupten: Wenn du besser lesen lernen willst, mußt du eben mehr üben. Das ist aber noch lange nicht alles. So unverzichtbar regelmäßiges und gründliches Üben für den erwünschten Lernerfolg einerseits ist, so wenig kann andererseits der Lernerfolg allein dadurch schon garantiert werden. So zu denken wäre entschieden „zu kurz gesprungen" und würde unsere Schüler Automaten gleichsetzen, in die man nur oben genügend hineinwerfen muß, damit unten das Entsprechende herauskommt. Es würde in vielen Kindern auch das Gefühl fördern, Versager oder „dumm" zu sein, wenn trotz vielen Übens der erhoffte Erfolg ausbliebe.

Wie tröstlich ist es dagegen, wenn wir – um nur ein Beispiel zu nennen – die Zusammenhänge zwischen einem schlecht funktionierenden Gleichgewichtssinn und fehlender Raumorientierung aufzeigen können und wenn Kinder dann erleben, daß ein gezieltes Bewegungstraining in Verbindung mit schulischen Übungen Lernerfolge möglich macht. Das Vorhaben, Kindern derart komplexe Zusammenhänge transparent zu machen, ist allerdings nicht ohne weiteres in die Praxis umzusetzen. Sicher gäbe es immer Schüler, die auch eine streng sachliche Darstellung interessiert aufnehmen und verstehen würden. Da ich aber alle Schüler erreichen will, vor allem auch diejenigen, die gezielte Förderung nötig haben, habe ich mich dafür entschieden, die Vorgänge im Gehirn anthropomorphisiert in Form von Geschichten darzustellen.

Als ich in meiner Klasse die ersten Stories erzählte, hatte ich keine Ahnung, daß daraus einmal eine ganze Sammlung werden würde. Aber die immer wiederkehrende Frage der Kinder: „Wann erzählst du uns denn wieder was vom Gehirn?" zeigte mir, daß ich hier etwas Bedeutsames angesprochen hatte.

Dichtung und Wahrheit

Ich achte bei meinen Geschichten darauf, daß sie die Abläufe richtig wiedergeben, auch wenn ich mir durchaus dichterische Freiheiten herausnehme. Den Kindern sage ich immer wieder, daß es in unserem Gehirn zwar turbulent zugeht, so ähnlich wie in unseren Geschichten, aber eben nicht ganz genauso: Die *Wirkung* auf unsere Fähigkeiten ist   im ungünstigen Fall – jedoch so, als ob ...

– der Räuber Thalamus bei jeder Gelegenheit auf Raub ausginge;

– der faule Willi nichtsnutzig auf dem Sofa herumläge;

– Lukas und Rita nicht zusammenarbeiten wollten;

– die schwarzen Sheriffs die braven Postboten von den Synapsen herunterschubsen würden, usw.

Deshalb ziehe ich diese Form der Darstellung vor, und nicht nur für Kinder. Komplizierte Sachverhalte, die durch Bilder und „Stories" veranschaulicht werden, sind viel leichter verständlich und verlieren so ihre Schrecken. Wir können sie besser speichern und bei Bedarf auch wieder abrufen. Gerade für Laien sind neurologische und anatomische Zusammenhänge zwar beim Lesen vielleicht noch verständlich, können im Gehirn aber nicht vernetzt werden, da die entsprechenden Querverbindungen fehlen. Denkt man bei der Funktion des Langzeitgedächtnisses jedoch an die Postboten, die dicht gedrängt mit ihren Köfferchen voller Informationen auf dem Bahnsteig des Hippocampus stehen, um den Zug ins Gedächtnis zu erwischen, dann kann man sich über diese „Eselsbrücke" auch die neurologischen Tatsachen wieder bewußt machen.

„Was jemand wirklich verstanden hat, muß er auch einem dreijährigen Kind erklären können", soll Albert Einstein gesagt haben. Dieses „Entzaubern" komplizierter Fakten genießt zwar nicht immer das größte Ansehen – macht es doch einen wesentlich gelehrteren Eindruck, schwer Verständliches auch schwer verständlich darzustellen –, macht mir selbst aber allergrößten Spaß.

So habe ich einige Mühe darauf verwandt, mich sprachlich klar, konkret und bildhaft auszudrücken. Besonders die Geschichten sollten vor dem Hintergrund gelesen werden, daß hier an gesprochene Sprache gedacht wurde – also an Sprache und nicht an „Schreibe" –, die sich an Kinder richtet. Das soll nun nicht heißen, daß ich meinen Schülern grundsätzlich keine „nackten" Tatsachen erkläre. So zeichne ich ihnen zum Beispiel gelegentlich ein Neuron mit Dendriten und Axon oder einen Längsschnitt durch das Gehirn auf, stelle dann aber immer die Verbindung zu unseren Geschichten her.

Wie dieses Buch eingesetzt werden kann

Zur Orientierung für meine Leser gibt es zu jeder Einheit einen Informationsteil mit den neurologischen Tatsachen. (**„Die Theorie"**) Sie sind so genau, wie es mir in diesem Rahmen möglich war, dargestellt. Für interessierte Leser finden sich detaillierte Literaturhinweise zu allen behandelten Themen. Sollte Ihnen die Theorie manchmal etwas zu trocken sein, dann überblättern Sie diesen Abschnitt einfach und lesen zuerst **die Geschichte**. Sie kommt immer *nach* der theoretischen Darstellung.

Diese Brainstories sind allerdings nicht Vorlesegeschichten, die den Kindern en bloc verabreicht werden können. Ich erzähle sie in wahrhaft homöopathischen Dosen. Um diese Art von Geschichten einzuführen, warte ich immer eine passende Gelegenheit ab. Ich plane also den Einsatz nicht so genau wie eine Rechenstunde, sondern nehme mir nur vor, demnächst einmal in die Thematik einzusteigen, und beginne dann mit dem, was sich anbietet.

Sehr oft macht die Arbeit von Lukas und Rita (siehe Seite 45) den Anfang. Gut ist es auf jeden Fall, einige zentrale Geschichten einfach parat zu haben. Neben Lukas und Rita sind die Postboten und der Räuber Thalamus für den Anfang gut geeignet. Der faule Willi wird bei mir meist erwähnt, wenn die Funktion der Postboten schon bekannt ist. Grundsätzlich kann jedoch alles, was Sie selbst anspricht, zum Ausgangspunkt für Ihren „Neurologieunterricht" werden. Ich mache mit jeder Klasse meine eigenen Erfahrungen und könnte keine bestimmte Abfolge als die beste empfehlen.

Die Geschichten sind nicht durchgängig so formuliert, daß sie sich ausschließlich an die Kinder richten. Manchmal ist der erwachsene Leser angesprochen, dann folgen wieder Passagen in kindgerechter Erzählsprache, die leicht zu finden sind, da sie in einem Rahmen stehen. Diese Art der sprachlichen Gestaltung habe ich bewußt gewählt, da ich nicht zwanghaft eine bestimmte Darstellungsweise durchhalten wollte, nur „der Ordnung halber". Ich habe mich so ausgedrückt, wie es mir für den jeweiligen Inhalt am zweckmäßigsten erschien im Hinblick auf Klarheit, Lesefluß, und „Unterhaltungswert".

Nach jeder Geschichte kommt ein Abschnitt **„Für die Praxis"**. Er soll Ihnen Konsequenzen aufzeigen, die sich für Ihren Unterricht aus dem Verständnis lernbiologischer Zusammenhänge ergeben können. Das Wissen um das *Warum* ist eine Sache, aber das genügt nicht, um unseren schulischen Alltag professioneller zu gestalten. Der zweite Schritt wird für mich immer durch die Frage eingeleitet: „Und was kann ich jetzt damit anfangen?"

Ich hoffe, daß Sie einiges mit den Informationen und Vorschlägen dieses Buches anfangen können und daß es Ihnen nebenbei auch noch Spaß macht zu erfahren, wie wir den faulen Willi überlisten, den Räuber Thalamus in die Flucht schlagen, die Neuronenboten auf dem Hippocampus zum Zug bringen, Wege freischaufeln und Schlägereien zwischen feindlichen Neurotransmittergruppen verhindern. Denn wenn Sie sich neue Informationen lustvoll einverleiben, dann werden Ihre Gehirnbewohner alles tun, um sich nützlich zu machen und Ihnen als Gehirnbesitzer dabei zu helfen, aus diesen Informationen den größtmöglichen Gewinn zu ziehen.

Ein Wort noch zur Reihenfolge der Geschichten:

Es ist für das Verständnis nicht nötig, daß Sie dieses Buch von vorne nach hinten lesen. Sie können sich genausogut erst einmal diejenigen Themen vornehmen, die Ihnen auf Anhieb besonders attraktiv erscheinen. Meine Empfehlungen zum „Warmlesen" wären:

- *Lukas und Rita*
- *Viele Wege führen nach Rom*
- *Der Räuber Thalamus*
- *Der faule Willi*

Wenn Sie es vorziehen, alles der Reihe nach zu lesen, erhalten Sie eine systematische Einführung in grundlegende Themen der Lernbiologie. Auch hier gilt wie für unsere Schüler: Viele Wege führen nach Rom.

1

Die Post geht ab – je schneller, desto besser

Die Theorie

Denken heißt Informationen aufnehmen oder abrufen, transportieren und verknüpfen. Je mehr wir unser Gehirn beanspruchen, desto leistungsfähiger wird es. Dabei kann „Beanspruchung" sowohl durch Denken als auch durch Bewegung erfolgen. Im Alter wird das menschliche Gehirn leichter, es schrumpft. Das wird aber nach den neuesten Erkenntnissen nicht durch Neuronenverlust, sondern durch ein Abnehmen der Dendritenverbindungen bewirkt. (7)

Dendriten sind die wurzelförmigen Verästelungen, durch die ein Neuron – eine Nervenzelle – Informationen empfängt. Wir können drei Funktionstypen von Nervenzellen unterscheiden:

- sensorische Neuronen, die Impulse von den Muskeln, der Haut und anderen Sinnesorganen zum Rückenmark und zum Gehirn leiten;
- motorische Neuronen, die Impulse von Gehirn und Rückenmark zu Muskeln und Drüsen leiten;
- Assoziations- oder Schaltneuronen, auch intermediäre oder Interneuronen genannt, die die Verbindung zwischen verschiedenen Neuronen herstellen, zum Beispiel zwischen sensorischen und motorischen.

Neuronen erhalten ihre Information durch die Dendriten und geben sie über das Axon weiter. Nach ihrem Aussehen unterscheidet man (vgl. Abbildungen nächste Seite):

- *unipolare Neuronen,* die nur *einen* Fortsatz, ein Axon, haben;
- *bipolare Neuronen,* die einen Dendriten und ein Axon haben, und
- *multipolare Neuronen* mit mehreren Dendriten und einem Axon.

Der Vollständigkeit halber sei auch noch das *pseudounipolare Neuron* erwähnt, das fast wie ein bipolares Neuron aussieht, mit einem Dendriten und einem Axon, die zunächst jedoch gemeinsam aus dem Neuron austreten und sich erst vor dem Neuron verzweigen.

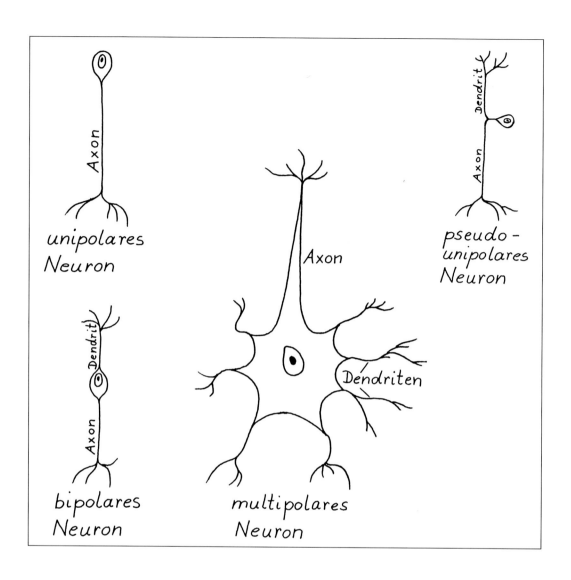

unipolares Neuron

pseudo-unipolares Neuron

bipolares Neuron

multipolares Neuron

Axon

Dendriten

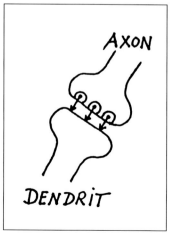

Damit Informationen im Nervensystem weitergeleitet werden, müssen Impulse am Ende eines Axons zu einem Dendriten der nächsten Nervenzelle überspringen.

Dieses Überspringen, die Synapsentransmission, erfolgt durch chemische Botenstoffe, die Neurotransmitter. Wenn ein Neurotransmitter auf dem richtigen Landeplatz ankommt, das heißt: auf einer Endplatte des Dendriten, die für diesen Neurotransmitter empfänglich ist, dann wird an dieser Stelle die Zellmembran durchlässig für positive Natriumionen.

Das bewirkt eine Depolarisation der Zellmembran. Im Ruhezustand ist an der inneren Zellwand ein elektrisches Potential von -70 mV, während die äußere Zellwand ein Potential von 0 mV aufweist. (mV = Millivolt) Sie ist also im Verhältnis zur inneren Zellmembran positiv. (53)

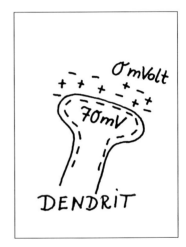

Vereinfacht und plakativ kann die Situation im Ruhezustand so dargestellt werden:

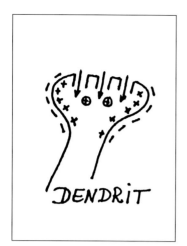

Dieser Ruhezustand wird nun durch das Eintreten der positiv geladenen Natriumionen beendet. Die innere Zellwand wird weniger negativ im Verhältnis zur äußeren. Bei -60 mV ist ein Schwellenwert erreicht, der eine Kettenreaktion in Gang setzt. Benachbarte Natriumkanäle öffnen sich, es dringen noch mehr positive Natriumionen ein, die elektrische Ladung wird „noch positiver" und erreicht schließlich ein Aktionspotential von +30 bis +40 mV.

Überall dort, wo sich Natriumkanäle geöffnet haben, sind die inneren Zellwände im Verhältnis zur Außenseite nun positiv geladen.

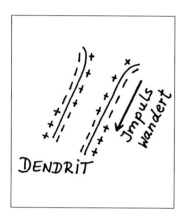

Der Erregungsimpuls der Umpolung oder Depolarisation breitet sich im gesamten Nerv aus und wandert schließlich am Axon entlang weiter zu den Dendriten des nächsten Neurons, wo sich der Vorgang von Synapsentransmission und Depolarisationswelle wiederholt.

Wir haben es bei der Informationsübermittlung also sowohl mit chemischen als auch mit elektrischen Vorgängen zu tun. Die Erregungswelle, die – beginnend bei den Dendriten – durch ein Neuron läuft und am Axon entlang weiter zum nächsten Neuron geschickt wird, ist elektrisch. Der „Sprung" über den synaptischen Spalt erfolgt durch die chemischen Botenstoffe, die Neurotransmitter, die auch das Öffnen der ersten Natriumkanäle bewirken.

Stark vereinfacht würde das im Zusammenhang so aussehen, wie auf der nächsten Seite dargestellt.

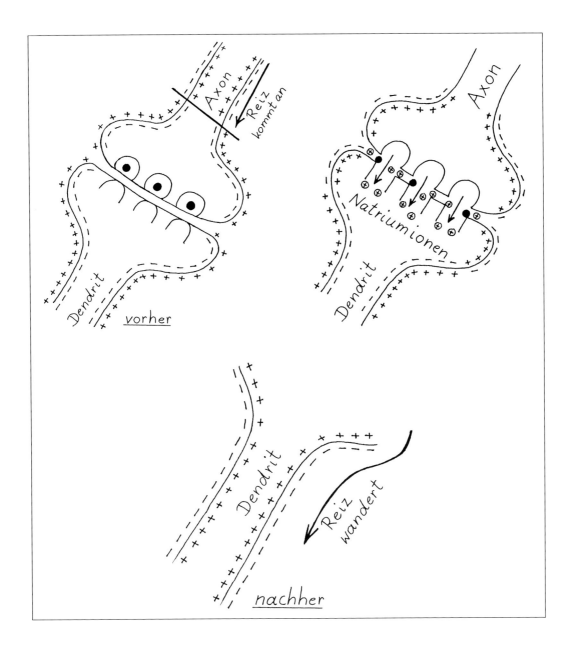

Je öfter wir bestimmte Nervenverbindungen beanspruchen, desto besser funktionieren sie. Es bildet sich bei vielen Nerven eine Markscheide aus, die den Nerv mit einer Myelinschicht (Fett-Eiweiß-Schicht) umhüllt, ihn dadurch isoliert und so für eine wesentlich schnellere Nachrichtenübermittlung sorgt. (8) Diesen Vorgang nennt man auch Myelinisierung.

Im günstigsten Fall kann sich die Depolarisationswelle mit einer Geschwindigkeit von 120 m/sec ausbreiten. Die langsamsten Impulse wandern mit einer Geschwindigkeit von 1 m/sec. (9)

Die Geschichte

Damit du denken und lernen kannst, müssen in deinem Körper und in deinem Gehirn viele Botschaften hin und her transportiert werden: von einer Nervenzelle zur anderen und wieder zu einer anderen.

Diese Botschaften kannst du dir vorstellen wie Briefe oder Postkarten oder Faxe. Wenn sie gut im Gehirn ankommen und an der richtigen Stelle landen, kannst du lesen oder schreiben oder bestimmte Bewegungen machen oder malen oder singen oder irgend etwas anderes, je nachdem, welche Botschaften herumgeschickt werden.

Damit die Post immer schnell und richtig ankommt, brauchst du Postboten. Wenn du zum Beispiel deinen Arm beugen willst, schickt das Gehirn die Post an den Muskel (in diesem Fall wäre es der Bizeps): Zieh dich zusammen.

Und schon geht deine Hand nach oben. Das passiert allerdings so schnell, daß du davon überhaupt nichts mitbekommst. Willst du deinen Arm dann wieder strecken, kommt der Befehl: Muskel, laß los!

Wenn deine Postboten sehr gut „auf Zack" sind, flitzen sie mit einem Tempo von 120 Metern in einer Sekunde! Stell dir das einmal in unserem Klassenzimmer vor: Das hier (abgemessen in Schritten) sind 10 Meter. Da würde so ein Postbote in einer einzigen Sekunde zwölfmal entlangrennen.

18

Die Postboten müssen übrigens nicht nur rennen können, sie müssen oft auch über Gräben springen, denn zwischen den einzelnen Nervenzellen, Neuronen heißen sie ganz genau, da sind Gräben. Und über die führen keine Brücken!

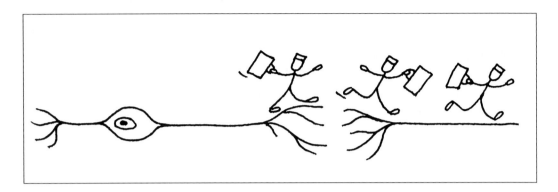

Aber es kann auch sein, daß die Postboten viel, viel langsamer sind. Die langsamsten von ihnen schaffen nur einen einzigen Meter in der Sekunde, das wäre nur so ein winziger Sprung.

(Strecke herzeigen!)

Jetzt kannst du dir natürlich denken, daß du längst nicht so gut lesen oder schreiben oder turnen kannst, wenn deine Postboten recht lahm in der Gegend herumschleichen. Dagegen können wir etwas tun.

Was macht denn der Trainer im Fußballverein mit den Spielern, bevor sie so richtig loslegen müssen? Er läßt sie erst einmal laufen, stimmt's?

Und wenn wir unsere Postboten trainieren wollen, dann geben wir ihnen einfach so viel zu tun, daß sie flitzen müssen.

Wer hat eine Idee?

Für die Praxis

Ich habe bereits in der Geschichte angesprochen, daß für alle gezielten Tätigkeiten die „Postboten" gebraucht werden. In der nächsten Einheit geht es um den Unterschied zwischen Reflexbewegungen und gesteuerten Bewegungen. Diesen Unterschied lasse ich zunächst einmal beiseite, bin mir seiner aber bewußt.

Ein Training der Postboten kann nun durch alle bewußten Tätigkeiten erfolgen, die wir relativ leicht mit unserem Willen in Gang setzen können. Am einfachsten geht das über Bewegungen, Rhythmus, Singen und betontes Sprechen. Natürlich könnte man sein Gehirn auch durch „Denken" trainieren, aber das ist ja gerade der wunde Punkt. Je defizitärer unsere Schüler sind, desto mehr Vorübungen brauchen sie, um ihr Gehirn überhaupt für die schulischen Aufgaben einsetzen zu können.

An dieser Stelle können also sehr gut gezielte Gymnastikübungen eingesetzt werden, wie ich sie in meinem Buch *Brain-Gym® & Co.* ausführlich beschrieben habe. (10)

*

Als ich meinen Schülern von den „Postboten" erzählt hatte, kam Martin am nächsten Tag und fragte mich: „Du, stimmt das eigentlich alles, was du uns da erzählst?" Ich zeichnete ihm ein schematisiertes bipolares Neuron an die Tafel und markierte mit Farbkreide den Weg, den Botschaften nehmen, beginnend bei den Dendriten über das Neuron am Axon entlang zu den Dendriten des nächsten Neurons. Dann erklärte ich ihm, daß die Botschaften da „wie elektrischer Strom" entlangwandern würden und am Ende des Axons zu den Dendriten überspringen müßten, und daß ich lieber von Postboten reden würde, weil man sich das besser vorstellen könnte. Martin war mit dieser Erklärung vollauf zufrieden. Mir ist es wichtig, daß ich grundsätzlich auf gezielte Nachfragen den Kindern die neurologischen Zusammenhänge wenigstens im Überblick aufzeigen kann.

2

Oranges oder blaues Gehirn –
das ist hier die Frage

Die Theorie

Gleichgültig, welche Bewegungen wir mit Kindern ausführen: Wir werden unter den Kindern sofort verschiedene Bewegungstypen, in Reinkultur oder als Mischform, erkennen:

- **die hölzernen**, die jede Bewegung einzeln machen und nie richtig in Schwung kommen;
- **die zappeligen**, die eigentlich überhaupt keine bestimmten Bewegungen erkennen lassen, sondern nur eine planlose Abfolge hektischer Bewegungsimpulse;
- **die hastigen**, für die „Galopp die langsamste Gangart" ist und die sofort unsicher werden, wenn sie bremsen sollen;
- **die verkrampften**, die keine einzige Bewegung isolieren können, sondern bei denen es immer zu reflektorischen Mitbewegungen von Zunge, Kopf oder Gliedmaßen der anderen Körperseite kommt;
- **die erschöpften**, die sich am liebsten immer gleich anlehnen und denen jede Anstrengung sofort zuviel wird;
- **die schlaffen**, die Schultern, Rücken und Arme hängen lassen und nur über ein Minimum an Muskeltonus verfügen; und schließlich:
- diejenigen, die nur einen verschwindend geringen Bruchteil in einer durchschnittlichen Klasse ausmachen: **die rhythmisch schwungvollen**, die Bewegungen koordiniert und in verschiedenen Tempi ausführen können.

Sehr viele Kinder sind heute nicht mehr in der Lage, ihre Bewegungen zu kontrollieren und zu koordinieren. Bei schönen, schwungvollen, rhythmischen und fließenden Bewegungen sind verschiedene Gehirnbereiche beteiligt: Zunächst einmal muß eine gezielte Bewegung bewußt initiiert werden, und das erfolgt über die prämotorische und die motorische Großhirnrinde beider Hemisphären. Bewegungen, die wir gut beherrschen, werden automatisiert und dann über die Basalganglien gesteuert, so daß wir in der Lage sind, während dieser Bewegungen auch an etwas anderes zu denken, ein Gedicht aufzusagen, Rechenaufgaben zu lösen oder uns zu unterhalten.

Unser Gleichgewichtsorgan im Innenohr erhält über Nervenkerne im Rückenmark ständig Meldungen über Muskeltonus und Bewegungen. Diese Meldungen werden über die Brücke – einen Teil des Hirnstammes – weitergeleitet zum Kleinhirn. Das Kleinhirn koordiniert und harmonisiert die Kontraktionen und Relaxationen der Skelettmuskulatur und gibt diesen Bewegungen einen geordneten Ablauf. Die Funktionen des Kleinhirns und subkortikaler Nervenkerne liegen unterhalb des Bewußtseinsschwelle, während die Bewegungsimpulse der Großhirnrinde bewußt sind. (11)

Kinder, die sich nur zappelig und unkontrolliert bewegen können, sind noch nicht in der Lage, ihre Impulse wirklich zu beherrschen. Das wird sehr deutlich, wenn eine bestimmte Folge von Bewegungen auszuführen ist. Diese Kinder gleiten sehr schnell in unkontrolliertes Zappeln und Hampeln, in lasche, nur angedeutete Bewegungen, in eine völlig überhastet ausgeführte Bewegungsfolge oder in verkrampft bemühte Einzelbewegungen ab.

So kann ich es erzählen

Ich zeichne den Kindern einen Sagittalschnitt (Längsschnitt) durch das Gehirn an die Tafel, in den ich sehr schematisch – ohne den Anspruch auf anatomische Exaktheit! – den Kortex, die subkortikalen Bereiche und das Kleinhirn sowie den Hirnstamm einzeichne.

Den Kortex male ich orange aus, Hirnstamm, Kleinhirn und subkortikale Bereiche blau.

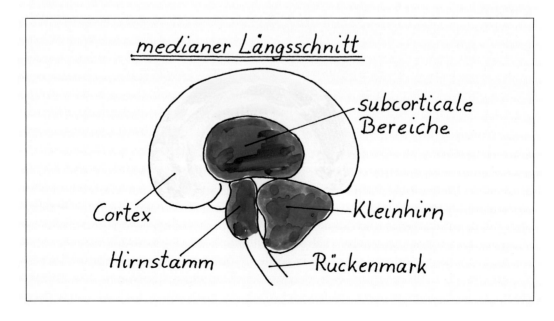

Hier zur Ergänzung noch eine Skizze „von außen", auf der das Sehzentrum, das Hörzentrum und der motorische Kortex zu sehen sind:

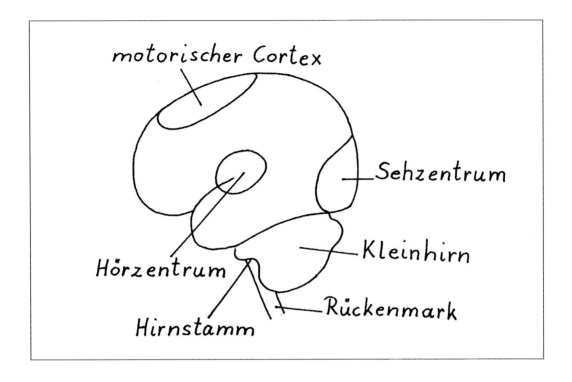

Ihr wißt ja, daß Babys sich noch gar nicht so gut bewegen können wie ihr. Was können sie alles noch nicht?

Laufen, hüpfen, klettern, aus einem Glas trinken, ein Brot selbst halten und abbeißen, etwas ausschneiden usw.

Schön langsam lernen sie dann, ihre Muskeln richtig zu gebrauchen. Ich habe euch hier einmal ein Gehirn angezeichnet. Das sieht natürlich nur ungefähr so aus. Zum Beispiel dieser orangefarbene Teil, der liegt wie eine Mütze über dem ganzen Gehirn, das ist die Großhirnrinde. Die ist ganz fest zusammengefaltet, weil sie sonst im Kopf gar nicht Platz hätte. Eigentlich wäre sie nämlich so groß wie dieses Tuch.

An dieser Stelle zeige ich immer ein Tuch, das ich auf eine Größe von 50 x 50 cm zusammengefaltet habe. Ich lege mir dieses Tuch auf den Kopf. Dabei ist sehr deutlich zu sehen, daß uns eine Großhirnrinde dieser Ausdehnung buchstäblich an allen Seiten aus dem Kopf hängen würde. Das geht natürlich nicht. Nun schiebe ich das Tuch zusammen und bringe es so auf eine Größe, die sich mit unserer Kopfgröße vereinbaren läßt.

Diese Großhirnrinde ist für uns sehr wichtig. Mit dem vorderen Teil davon (Denkerhirn) denken wir nach und machen wir einen Plan, wenn wir etwas vorhaben. Mit den Seitenteilen (innere Ohren) passen wir auf, was gesagt wird, und können Wörter und Sprache verstehen. Mit dem hinteren Teil (innere Augen) können wir alles erkennen, was wir sehen, und mit dem oberen Teil (Bewegungshirn) können wir unsere Bewegungen planen und kontrollieren und fühlen.

Für die Praxis

Macht mir einmal alle Bewegungen nach:

So ... (Hand auf den Kopf)

und so ... (Zeigefinger an die Nasenspitze)

und so ... (beide Ellbogen anwinkeln und seitlich hochheben).

Wo sitzt in dir drin der Kommandant, der den Befehl für alle diese Bewegungen gibt? – Richtig, er sitzt dort oben, im orangen Gehirn (Bewegungshirn).

Nun kann es aber auch sein, daß wir gar keine richtigen, „schönen" Bewegungen machen, sondern daß wir nur herumzappeln. Das probieren wir jetzt alle einmal aus. Wir stehen auf und zappeln unkoordiniert herum.

Immer dann, wenn wir Bewegungen machen, die wir nicht richtig planen, bei denen wir nur „irgendwie" so herumzappeln, kommen sie nicht aus dem orangen Gehirn, sondern dorther, wo sie auch bei den Babys herkommen: aus dem blauen Gehirn. – Wir probieren jetzt noch einmal den Unterschied aus ...

Ich mache eine Reihe von gezielten Bewegungen vor:
- Heben beider Arme
- Zusammenführen der Fingerspitzen
- Vorstrecken eines Armes und des entgegengesetzten Beines
- Sequenz: Beide Arme waagrecht nach rechts, dann nach links, dann nach oben, dann dreimal klatschen.
- Sequenz: Beide Handflächen patschen dreimal auf die Oberschenkel, dann Arme senkrecht nach oben strecken, vor dem Oberkörper kreuzen und zum Schluß in die Hände klatschen.

Wir führen im Wechsel gezielte Bewegungen und unkontrollierte Zappelbewegungen aus. Ich fordere die Kinder auf, den Unterschied zu spüren.

Für das Lernen in der Schule ist es sehr wichtig, daß unser oranges Gehirn gut arbeiten kann, und deshalb trainieren wir es jetzt gleich einmal mit richtigen Bewegungen, die wir unseren Muskeln bewußt „befehlen". Ich lasse ein Kind aussuchen, welche Bewegung oder Bewegungsfolge wir anschließend zu flotter Musik turnen wollen.

Bei unserer täglichen Gymnastik erwähne ich immer wieder einmal, daß es darauf ankommt, die Bewegungen wirklich „schön" und exakt auszuführen, eben „aus dem orangen Gehirn".

Daß diese sehr stark vereinfachten Erklärungen über das Funktionieren des Gehirns bei den Kindern oft einen tiefen Eindruck hinterlassen, wurde mir wieder einmal deutlich vor Augen geführt, als mir die Mutter von Bernd höchst amüsiert berichtete, er sei mit seinem älteren Bruder über den Hausaufgaben gesessen und habe sich durch dessen Herumgezappel schon einige Zeit gestört gefühlt. Als es ihm endlich zuviel wurde, legte er seinen Stift hin, schüttelte wissend und mitleidig den Kopf und sagte: „Typisch! Du bist im blauen Hirn!"

Für die Zukunft

Je weiter die Bewegungsintegration meiner Schüler voranschreitet, desto schwieriger wird auch unsere tägliche Gymnastik. Das Ziel wäre es, bewußte Bewegungen so zu automatisieren, daß eine geplante Bewegungsabfolge beibehalten werden kann, während Gedichte aufgesagt, Rechenaufgaben gelöst oder zusätzliche einzelne Bewegungsaufgaben mit der als „Ostinato" durchgehenden Grundbewegung kombiniert werden. Das würde bedeuten: Die Großhirnrinde gibt den Startschuß, Basalganglien und Kleinhirn übernehmen die Bewegungssteuerung, so daß die Großhirnrinde nur bei Abweichungen eingreifen muß und ansonsten frei ist für andere – bewußte – Aufgaben.

3

Hindernislauf der Postboten

Die Theorie

Wenn wir etwas Neues lernen, so müssen wir darauf zunächst einige Mühe verwenden. In unserem Gehirn sind die optimalen Verarbeitungsstrukturen nicht von Anfang an verfügbar, sondern diese ergeben sich erst nach verschiedenen Versuchen. Die optimale Strategie wird beibehalten und durch viele Wiederholungen gefestigt, so daß sie immer leichter verfügbar wird.

Nun stelle ich aber in meiner schulischen Arbeit fest, daß anscheinend immer weniger Kinder Zugang zu ihren optimalen Verarbeitungsstrukturen haben. Sie müssen das, was neurologisch gut organisierten Kindern nach überschaubaren Übungsphasen relativ leicht gelingt, mühsam erlernen und erreichen nie ein Stadium, in dem sie ihr Können und ihre Fähigkeiten einfach genießen können.

Dabei kann es sein, daß bereits grundlegende Wahrnehmungsfähigkeiten – wie optische und akustische Differenzierungsfähigkeit, die Propriozeption oder die visuelle Speicherfähigkeit – eingeschränkt sind. Es kann auch sein, daß die grundlegenden Defizite im Hören, Sehen oder auch in der Propriozeption zunächst gar nicht bemerkt werden und daß erst beim schulischen Lernen Mängel in der Verarbeitung und Verknüpfung neurologischer Reize offenkundig werden. Diese „Mängel" bekommen dann im herkömmlichen psychologischen Sprachgebrauch Etiketten wie zum Beispiel:

Störung ...
– der visuomotorischen (oder Auge-Hand-) Koordination,
– der Figur-Grund-Wahrnehmung,
– der Wahrnehmungskonstanz,
– der Wahrnehmung der Raumlage,
– der Wahrnehmung räumlicher Beziehungen (12),
– der Serialität,
– der Intermodalfunktionen (13),
– der sensorischen Integration,
– der Körperwahrnehmung,
– der Bewegungsplanung (14).

Außerdem gibt es noch die taktile Abwehr, den Dysgrammatismus, die Schwerkraftunsicherheit und viele andere Bezeichnungen dafür, daß Kinder ihre Reise ins Leben bereits mit sehr schlechten Karten antreten. Für mich haben diese diagnostischen Daten nur dann einen Sinn, wenn sie uns Hilfen an die Hand geben, wie die jeweilige Störung behoben oder wenigstens gemildert werden kann. Kinder finden es meiner Erfahrung nach nicht nur interessant, sondern auch tröstlich, wenn sie erfahren, warum es gar nicht so selbstverständlich ist, leicht zu lernen.

Nehmen wir zunächst die Vorgänge der *visuellen Verarbeitung*:

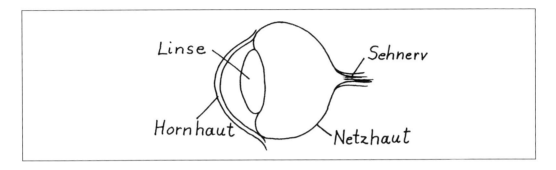

Die Sehzellen (Zäpfchen und Stäbchen) nehmen die visuellen Impulse auf und leiten sie über zwischengeschaltete Neuronen zum Sehnerv.

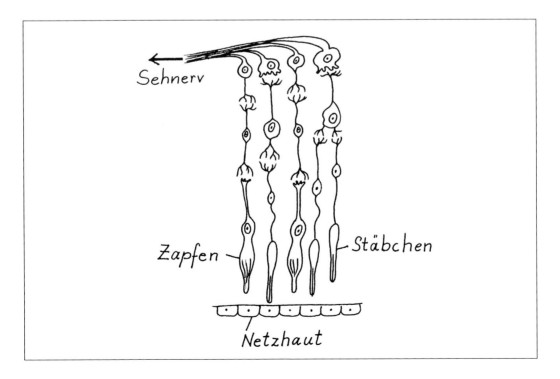

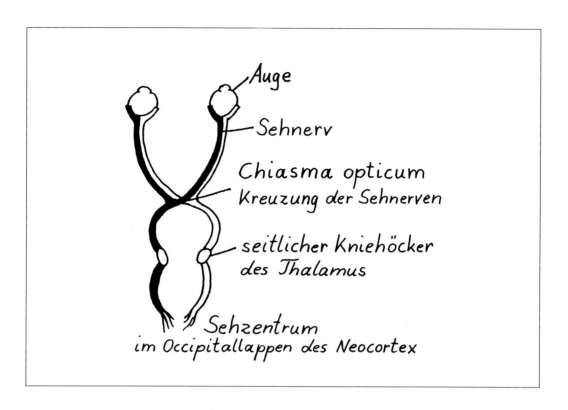

Am Chiasma opticum kreuzen sich die Sehbahnen aus dem rechten und dem linken Auge. Die Hälfte der Sehbahnen aus dem rechten Auge wird zur linken Hemisphäre geleitet, die andere Hälfte zur rechten. Die Hälfte der Sehbahnen aus dem linken Auge wird zur rechten Hemisphäre geleitet, die andere Hälfte zur linken.

Dann werden die Impulse über den Tractus opticus zum seitlichen Kniehöcker des Thalamus geschickt und von dort weiter zum Sehzentrum im Hinterhauptlappen der Großhirnrinde, dorthin, wo unsere „inneren Augen" sind. (19)

Beim **Hören** erfolgt die Reizübermittlung über das Trommelfell, die Gehörknöchelchen des Mittelohrs (Hammer, Amboß und Steigbügel) und das Corti-Organ in der Schnecke zu den Sinneshaarzellen, die den Reiz weitergeben an den Cochlearisanteil (den mit dem Hören befaßten Teil) des Nervus vestibulocochlearis.

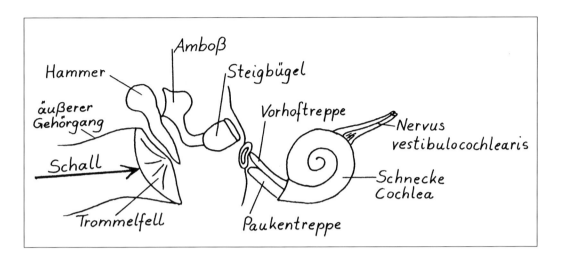

Dieser Hirnnerv, der achte, besteht aus zwei Teilen: dem Cochlearisteil (für das Hören) und dem Vestibularisteil (für die Erhaltung des Gleichgewichts). Der Hörnerv leitet die Nervenimpulse zu Nervenkernen in der Medulla (im Hirnstamm). Von dort kreuzen die Hörfasern zur gegenüberliegenden Hemisphäre, steigen zum mittleren Kniehöcker des Thalamus auf und von dort zur Hörrinde im Temporallappen der Großhirnrinde (20). (Die Problematik des blockierten Hörens und Sehens habe ich an anderer Stelle (21) ausführlich beschrieben.) Sehr stark vereinfacht könnte man das so darstellen:

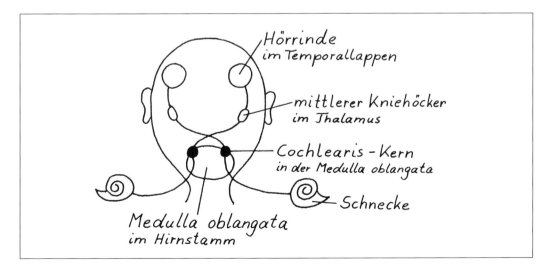

Die Geschichte

Damit du in der Schule leicht lernen kannst, mußt du ziemlich vieles können. Beim Lesen müssen zum Beispiel deine Augen sehr fest arbeiten: Sie müssen genau hinschauen, sonst meinen sie, das m und das n sind zwei gleiche Buchstaben, oder sie verwechseln das O und das D. Manchmal ist es für die Augen auch sehr schwer, immer auf der Zeile zu bleiben und genau in der richtigen Lese- oder Schreibrichtung zu schauen.

Im Auge sitzen Neuronen, das sind Nervenzellen, die heißen Stäbchen- und Zäpfchen-Sehzellen. Die sortieren alles, was zum Auge hereinkommt, und geben es den Postboten. Die müssen es weitertragen. Erst im orangen Gehirn können die Neuronen, die dort sitzen, dann erkennen, was deine Augen gesehen haben. Denn dort, im orangen Gehirn, hast du deine inneren Augen.

Der Weg vom äußeren Auge zum orangen Gehirn ist aber ziemlich weit. Die Postboten müssen über eine Kreuzung und haben danach noch einen langen und gefährlichen Weg vor sich. Darüber erzähle ich dir genauer ein anderes Mal.

Jetzt kann es sein, daß die Postboten auf ihrem Weg zu den inneren Augen auf Hindernisse stoßen: Steine, Schmutzhaufen, Wasserpfützen. Genauso kann es den Postboten ergehen, die vom Ohr zum orangen Gehirn wollen, dorthin, wo die inneren Ohren sind. Wenn die Wege verstopft und voller Hindernisse sind, dann sieht das aus wie auf dem Bild, das ich dir jetzt zeige ... (Vgl. nächste Seite)

Du siehst schon: Die Postboten müssen sich schrecklich plagen. Es ist ja ganz klar, daß sie dann auch länger brauchen, bis sie ihre Post in der großen Lagerhalle abliefern können.

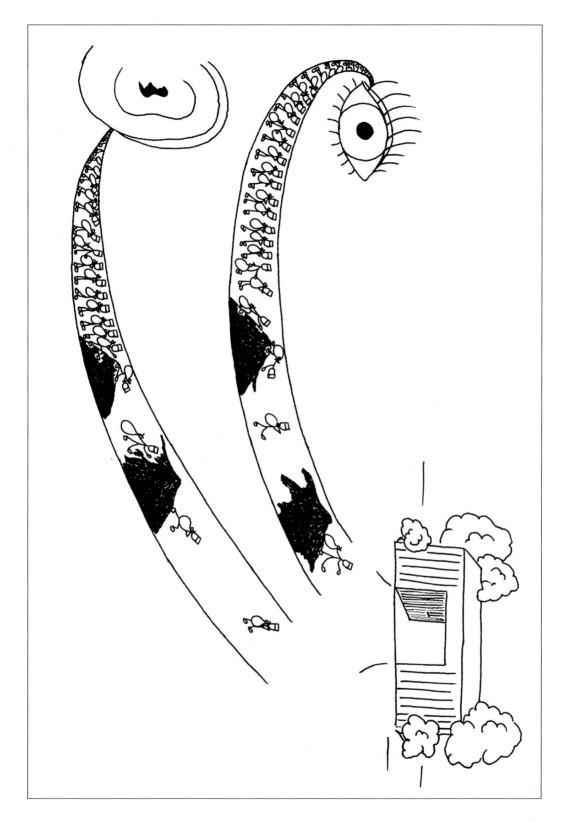

Für die Praxis

Wir können aber etwas tun, um den Postboten bei ihrer Arbeit zu helfen. Wir können unsere Augen und Ohren trainieren. Das ist so, als würden wir „die Wege saubermachen".

Ohrentraining:

- Die „Denkmütze", wie Paul Dennison sie verwendet (15)
- Klopfen auf dem Felsenbein um das Ohr herum
- Massieren des Ohres (16)
- Gesangsübungen
- Rhythmische Übungen
- Übungen zum „schönen Sprechen"

Augentraining:

- Massieren der Augenpunkte und dazu verschiedene Blickrichtungen trainieren oder liegende Achten schauen (17)
- Visualisierungsübungen bei geschlossenen Augen (18)
- Überkreuzbewegungen und dazu in verschiedene Richtungen schauen

Wenn der Weg frei ist und die Postboten schnell vorankommen, dann sieht das so aus wie auf dem letzten Bild, das ich dir jetzt zeige ... (Vgl. nächste Seite)

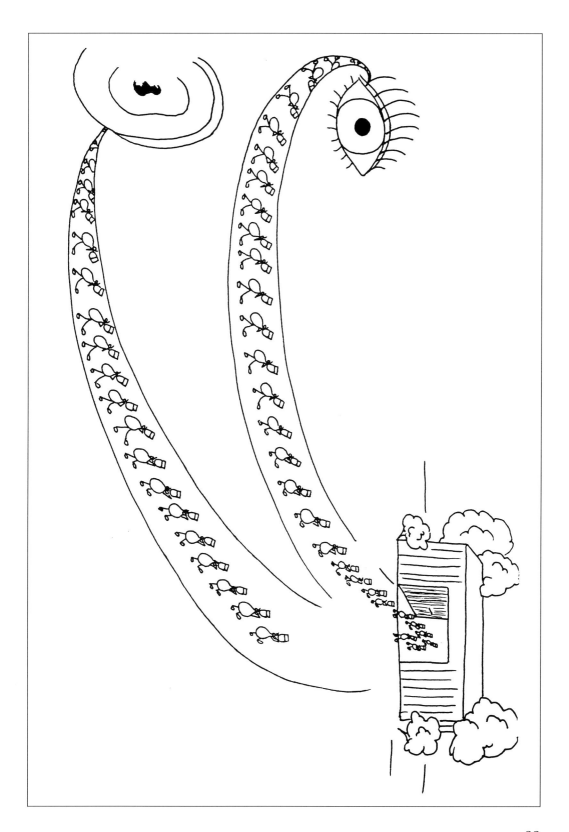

4

Viele Wege führen nach Rom –
aber nur einer ist der beste

Die Theorie

Im letzten Abschnitt wurde bereits angesprochen, daß allem Anschein nach nur wenige Kinder Zugang zu ihren optimalen Verarbeitungsstrukturen im Gehirn haben. Dieser Mangel wird bei komplexen Aufgaben deutlicher als bei einfachen. Wir erleben in der Praxis oft, daß Kinder sich weigern, bestimmte Aufgaben zu erledigen, weil sie dafür zunächst soviel Willenskraft und Überwindung aufbringen müssen, daß sie in das nächste Stadium, in dem sie ihre Strategie durch Übung verbessern könnten, gar nicht mehr gelangen. Charles Krebs erklärt diesen Sachverhalt sehr einleuchtend:

„Alle Funktionen des Gehirns scheinen so programmiert zu sein, daß ihr Ziel größtmögliche Effizienz ist. Gleichzeitig wird der Weg des geringsten Widerstandes gewählt. Wenn eine bestimmte Funktion nicht zur Verfügung steht, schaltet das Gehirn automatisch weiter zum nächsten Verfahren, mit dem diese Aufgabe am effizientesten erledigt werden kann. Funktioniert auch dieser Weg nicht, sucht es weiter nach einem dritten, vierten, fünften Weg usw., abgestuft nach Effizienz. Da jeder alternative Prozeß weniger effizient ist, verursacht er natürlich mehr Streß. Das Gehirn wird so lange nach einer angemessenen Verarbeitungsmethode suchen, bis die Tätigkeit für den Betreffenden unterbewußt oder bewußt so stressig wird, daß er die ganze Sache aufgibt. ... Diese Situation kennen wir alle. Wenn uns eine Aufgabe Schwierigkeiten bereitet, spüren wir den damit verbundenen geistigen Streß. Deshalb werden wir diese Tätigkeit häufig meiden. Und wenn Sie auflisten, was Sie heute zu erledigen haben, wo erscheint dann diese schwierigste Aufgabe? Ganz oben? Nein. Ganz unten, und irgendwie schaffen Sie es nicht, so weit zu kommen, zumindest heute nicht ...“ (22)

Für unsere Schüler ist eine Lernsituation, in der die effizienten Wege nicht zugänglich sind, noch viel frustrierender als für Erwachsene. Sie haben mit Lernen weniger Erfahrungen und neigen daher viel eher dazu, ein negatives

Erlebnis zu generalisieren und von sich selbst eine negative Meinung zu entwickeln. Wer schon viele Lernerfahrungen – positive und negative – gemacht hat, wird dagegen leichter in der Lage sein, einen isolierten Mißerfolg auch isoliert zu betrachten und ihn nicht als typisch für die eigene Person anzusehen.

Es scheint mir außerordentlich wichtig zu sein, bereits im Vorfeld der Entstehung von mißerfolgsorientierten Feedbackschleifen entgegenzuwirken. Sind diese Schleifen erst einmal fest in das Lernprogramm eines Schülers aufgenommen, sehen sie so aus:

Es fällt mir so schwer, das Lesen (Schreiben, Rechnen usw.) zu üben.

Also mache ich lieber etwas anderes, was ich besser kann.

Die Übung, die ich vermeide, fehlt mir aber.

Ich kann das Lesen (Schreiben, Rechnen usw.) jetzt im Vergleich zu meinen Mitschülern noch schlechter, also macht mir das Üben noch weniger Spaß.

Wahrscheinlich bin ich einfach dumm!

Leider gibt es kein Allheilmittel, um die Entstehung solcher Teufelskreise zu verhindern. Dennoch sind gerade Lehrer sehr wichtige Schlüsselfiguren, die positiv in das Geschehen eingreifen können. Zwei Aspekte sind dabei meiner Erfahrung nach wichtig:

- Schüler müssen verstehen, was beim Lernen passiert, und:
- Es muß auf sinnvolle Weise geübt werden.

Die Geschichte

Wenn du etwas Neues lernst, dann ist das so, als würdest du eine Wanderung machen. Du gehst am Start los, da kannst du das noch nicht. Dann lernst und übst du es, und zum Schluß kommst du am Ziel an und kannst es.

Sagt mir einmal einige Sachen, die ihr schon gelernt habt, als ihr noch gar nicht in die Schule gegangen seid. (Schleife binden, ausschneiden, Treppen freihändig steigen, Malbücher ausmalen usw.)

In der Schule haben wir auch schon verschiedenes gelernt: Buchstaben, Zahlen, Wörter usw.

Du hast doch bestimmt schon gemerkt, daß du manche Sachen ganz schnell und leicht lernen kannst, während du dich bei anderen Sachen wieder ziemlich plagen mußt. In deinem Gehirn gibt es immer verschiedene Wege, etwas zu lernen. Schau dir dieses Bild an.

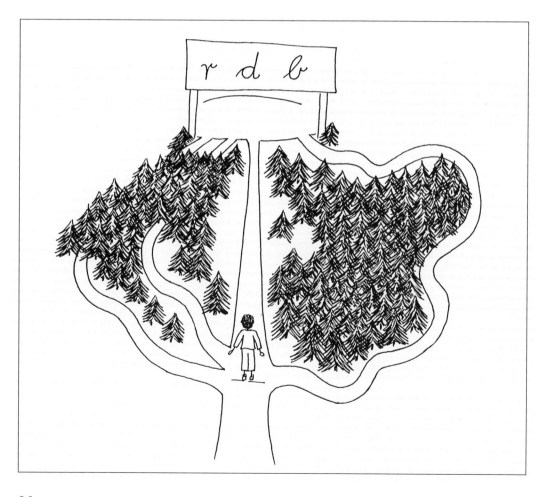

Da will ein Kind Schreibschrift lernen. Die drei Buchstaben zum Üben stehen auf einem Schild, und dort will es hin.

Vier verschiedene Wege gibt es. Welchen wird es wohl wählen?

Ich glaube, den geraden und kurzen Weg, denn da kommt es doch am schnellsten zum Ziel.

Jetzt kann es aber sein, daß gerade dieser schöne, kurze, bequeme Weg durch ein Hindernis blockiert ist, wie hier durch diesen Erdhaufen.

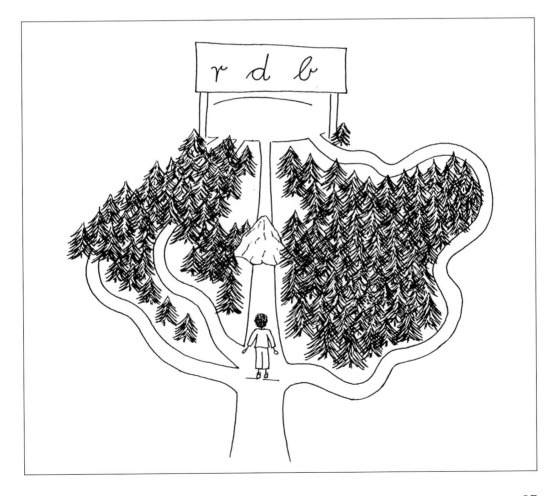

Also nimmt das Kind den Weg, von dem es glaubt, es wäre der nächstbeste.

Doch mitten im Wald – so etwas Dummes – kommt es plötzlich an eine tiefe Schlucht. Die hat es vorher gar nicht gesehen, weil sie von Bäumen verdeckt wurde. Über diese tiefe Schlucht kann es nicht springen.

Also kehrt es wieder um und probiert den nächstbesten Weg aus.

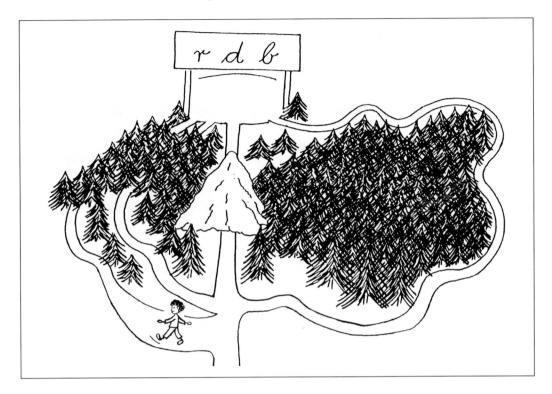

Aber nun – o Schreck – ein neues Hindernis: Es müßte einen Wasserfall überqueren, und die Brücke ist kaputt!
Da kommt es nicht hinüber, das wäre viel zu gefährlich!

Also beschließt es, den vierten, den längsten, Weg zu nehmen.

Beim Start ist es noch ganz munter. Aber der Weg hört und hört einfach nicht auf.

Das Kind muß ganz erschöpft rasten.

Als es endlich ankommt, ist es fix und fertig.

Was glaubst du, was wird dieses Kind machen, wenn es wieder das Schreiben üben soll?

Ich glaube, daß es sich davor drücken wird, wenn es nur irgendwie geht. Es wird vielleicht in der freien Arbeit alle möglichen Sachen machen, und wenn die Lehrerin dann sagt: Üb doch ein bißchen das Schreiben, dann wird es wahrscheinlich herumtrödeln, bis die Arbeitszeit vorbei ist.

Aber jetzt überlege einmal: Ist das schlau, was das Kind da macht? Lernt es so das Schreiben? Nein, sicher nicht!

Andererseits – würde es dir Spaß machen, dich jedesmal beim Üben so zu plagen, daß du hinterher fix und fertig bist?

Was könnte das Kind denn tun, damit es einen der anderen, kürzeren Wege benutzen kann?

Für die Praxis

Ich erzähle den Kindern die Geschichte von den verschiedenen Wegen und zeige ihnen die auf Folie kopierten Abbildungen. Ich habe auch ein Schild vorbereitet, auf dem noch einmal die Schreibschriftbuchstaben r, b und d stehen. Wir stellen uns nun im Kreis auf, und ich klebe mit Tesakrepp die verschiedenen Wege auf den Boden:

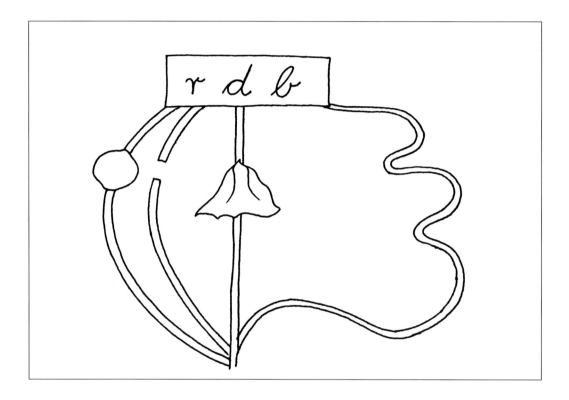

Am Ende aller Wege liegt das Schild mit den Buchstaben. Wo der Wasserfall ist, lege ich ein oval zugeschnittenes blaues Tonpapier auf den Weg. An der Schlucht ist der Tesakreppstreifen einfach durch eine Lücke unterbrochen. Der Erdhaufen auf dem direkten Weg zum Erfolg wird durch ein zusammengeschobenes Tuch dargestellt.

Nachdem die Kinder alle Möglichkeiten noch einmal betrachtet haben, machen sie Vorschläge: vielleicht das Bauen einer Brücke über den Wasserfall oder über die Schlucht.

Doch am einfachsten wäre es ja, den Erdhaufen einfach wegzuschaufeln. Das würde in der Wirklichkeit einem Verbessern unserer Lernstrategien und unserer Lernfähigkeit schlechthin entsprechen.

Wir bleiben beim Thema Schreiben und überlegen uns Vorübungen, damit es nicht gar so anstrengend ist:

- das großräumige Schwingen von Buchstaben in der Luft
- das blinde Schreiben von Schwüngen auf Packpapier, Zeitungspapier usw.
- liegende Achten
- Daumengymnastik
- das Festhalten und Drehen der Handgelenke
- Übungen für einen entspannten Nacken und einen aufrechten Rücken (23)

Wenn wir vor dem Schreiben gezielte Übungen zu einer grundlegenden Verbesserung unserer Schreibfähigkeit machen, wird es uns so gehen wie unserem Kind, das sich an die Arbeit macht, um den Erdhaufen wegzuschaufeln:

Es wird bald eine Öffnung haben, die zum Durchkriechen groß genug ist. Je öfter es nun diesen Weg benutzt, desto mehr wird der Erdhaufen eingeebnet werden, und irgendwann ist er schließlich verschwunden.

Dann ist in diesem Teilbereich der Weg frei für entspanntes Lernen, das sicher noch Übung erfordert. Diese Übungen kosten aber nicht mehr die ganze Energie, sondern verlangen nur noch einen überschaubaren und angemessenen Aufwand.

5

Lukas und Rita –
das ungleiche Pärchen

Die Theorie

Die Tatsache der funktionellen Hemisphärenasymmetrie gehört inzwischen zwar zu den neurologischen Binsenweisheiten, stellt aber keineswegs eine veraltete Erkenntnis dar. So schreibt zum Beispiel Professor Amorosa von der Heckscher-Klinik in München in einem Gutachten für eine Studie, die das ISB (Institut für Schulpädagogik und Bildungsforschung) im Auftrag des Bayerischen Kultusministeriums 1997 erstellt hat:

> „Es ist sicher, daß beim Erwachsenen in der linken Hirnhälfte effizienter sequentielle Information analysiert wird, während in der rechten Hirnhälfte eher simultane Information verarbeitet wird." (24)

Detaillierte Forschungsergebnisse zur funktionellen Hemisphärenasymmetrie kann man in der Fachliteratur nachlesen (25).

Hier kommt es in erster Linie darauf an, was diese funktionelle Asymmetrie für das lernende Kind bedeutet. Wir haben es mit der Tatsache zu tun, daß die beiden Hemisphären unseres Gehirns anatomisch zwar gleich aufgebaut sind, funktionell aber deutliche Unterschiede aufweisen. Der gravierendste Unterschied wurde bereits genannt: Links werden Informationen eher sequentiell verarbeitet, rechts eher simultan. Das bedeutet, daß das linke Gehirn Einzelheiten nacheinander verknüpft, daß es *analytisch* denkt, logisch schlußfolgernd.

Das rechte Gehirn hat hingegen eher Verarbeitungsweisen, die *Zusammenhänge* erkennen und berücksichtigen; es ist zuständig für Verknüpfungen, Beziehungen, induktives Denken. Es scheint auch die rhythmische, musikalische und künstlerische Hemisphäre zu sein, zumindest bei künstlerischen Laien. Musiker „hören" interessanterweise nämlich mit der linken Hemisphäre. Das wird so gedeutet, daß der professionelle Umgang mit Musik den intuitiven Hörgenuß zugunsten einer analytischen Musikbetrachtung wohl in den Hintergrund drängt. (26) Das ist jedoch für uns hier nur von marginalem Interesse.

Was in der täglichen Arbeit von Bedeutung ist, hat zu tun mit Verarbeitungsstrategien, die einzelne Kinder bevorzugen. Im Idealfall benutzen wir alle unsere Gehirnbereiche angemessen. Wir haben bereits im Abschnitt über „oranges und blaues Gehirn" (S. 21 ff.) gesehen, daß bestimmte Tätigkeiten nicht einfach an einer bestimmten Stelle im Gehirn lokalisiert sind, sondern daß ein höchst kompliziertes Zusammenspiel verschiedener Gehirnbereiche für optimales Funktionieren notwendig ist. So ist auch alles, was ich im folgenden über die Zusammenarbeit von rechter und linker Hemisphäre schreibe, stark vereinfacht.

Es gibt sehr viele Menschen, die beim Lernen oder beim geistigen Arbeiten ihre Möglichkeiten nur sehr reduziert nutzen. Das Klischee des „Linkshirn-Denkers" beschreibt uns einen Menschen, der sich auf Einzelheiten fixiert, „den Wald vor lauter Bäumen" nicht sieht, sich genau an Vorschriften hält, immer eines nach dem anderen erledigt und dabei vielleicht auch einmal Wichtiges zu spät in Angriff nimmt.

Beim Lesen wäre das ein Schüler, der langsam und stockend liest, der mehr den einzelnen Buchstaben als das Wort sieht, der Probleme hat, Bedeutungen und Zusammenhänge zu erfassen, und der so auch nur schwer den Zugang zum Lesevergnügen findet.

Beim Schreiben würde dieser Schüler lieber die Druck- als Schreibschrift schreiben, käme nur schwer in Schwung, würde oft stocken und absetzen, könnte sich auch ganze Wortbilder nur schwer merken und würde lieber Buchstabe für Buchstabe abschreiben.

Beim Rechnen würde er lieber zählen als rechnen, hätte gern für alles eine Regel, die er mechanisch anwenden kann, und würde vor allem einen Wechsel der Arbeitsweisen oder die Anwendung verschiedener Darstellungsarten für einen Sachverhalt als schwierig empfinden.

Der typische „Rechtshirn-Denker" hingegen würde flott lesen, aber an schwierigen Stellen durchaus ein biß-chen flunkern, statt genauer hinzuse-hen und ein unge-wohntes Wort genau zu entziffern. Er hätte Freude an Geschich-ten.

Beim Schreiben würde er die Schreibschrift vorziehen, könn-te sich grundsätzlich Wort-bilder merken, würde aber das Anwenden von Regeln öfter vergessen und auch schwieri-ge Einzelheiten großzügig übersehen.

$$8 - 3 = 5$$
$$9 - 2 = 7$$
$$4 - 1 = 3$$
$$6 - 2 = 4$$
$$\underline{5 + 3 = 2}$$

Beim Rechnen würde er Zusammenhänge verstehen, könnte auch verschiedene Arbeitsweisen anwenden, würde aber einen Wechsel der Aufgabenstellung öfter übersehen, weil er zu wenig genau hinschauen würde. So wäre es für ihn typisch, nach zehn Minusaufgaben mit Minus weiterzurechnen, auch wenn mittlerweile auf Plus gewechselt worden wäre ...

Während dem typischen Linkshirndenker der Schwung und der Überblick über die Zusammenhänge fehlen, ist der Rechtshirndenker allzu großzügig, was Regeln, Einzelheiten und Genauigkeit betrifft. Keiner von beiden wird in der Schule sehr erfolgreich sein, wenn er nicht auch Arbeitsweisen der anderen Hemisphäre übernimmt.

Natürlich sind die beiden Hemisphären immer „irgendwie" in Verbindung, sonst wären uns ganz alltägliche Funktionen überhaupt nicht möglich. Es geht hier um eine Optimierung der Zusammenarbeit. Diese Zusammenarbeit beider Gehirnhälften ist notwendig und wird ermöglicht durch Nervenfasern, die die rechte und linke Seite verbinden. Solche von rechts nach links verlaufenden Fasern heißen Kommissuren. Es gibt eine Reihe von Kommissurensystemen im Gehirn, die die beiden Seiten miteinander verbinden, zum Beispiel den rechten und linken Hippocampus oder die rechte und linke Amygdala. (26) Das größte von ihnen ist der „Balken", das Corpus callosum, der mit circa 300 Millionen Nervenfasern für die Kommunikation zwischen rechter und linker Hemisphäre des Neokortex sorgt.

Die Zusammenarbeit beider Hemisphären ist für erfolgreiches Lernen und Arbeiten wichtig. Natürlich gehört zu einer perfekten Integration auch noch die Verbindung verschiedener Hirnareale auf ein und derselben Seite sowie die Verbindung zu tiefer gelegenen Zentren im limbischen System, im Kleinhirn, im Hirnstamm oder im Rückenmark. Hier wollen wir uns der Einfachheit halber jedoch auf die Rechts-links-Problematik beschränken.

Daß schon vor vielen hundert Jahren bekannt war, wie günstig es ist, verschiedene Gehirnfunktionen zu verknüpfen, um die Leistungen zu optimieren, zeigt uns die Überlieferung antiker Mnemotechniken: Die Rhetoriker im alten Griechenland prägten sich ihre Reden ein, indem sie während des Memorierens herumwandelten und bestimmte „Module" ihres Textes gleichsam an bestimmte Statuen oder Plätze „hefteten". Beim Halten ihrer Rede gingen sie dann im

Geiste dieselbe Strecke noch einmal ab und riefen an den jeweiligen markanten Stellen den daran gehefteten Inhalt wieder ab. (28) Hier ist die linkshirnige Funktion des sequentiellen Lernens verknüpft mit rechtshirnig räumlicher Anschauung. Nach demselben Prinzip funktionieren die Eselsbrücken, die sicher jeder aus der eigenen Schulzeit kennt:

„Erst das Wasser, dann die Säure,
sonst geschieht das Ungeheure.“

Oder:

„Sieben – fünf – drei
schlüpfte Rom aus dem Ei.“

Wir können Lernen viel leichter machen und den Stoff besser verankern, wenn wir uns das Prinzip dieser uralten Mnemotechniken bewußt machen und regelmäßig in unseren Unterricht einbauen: Linkshirniges kann an Rechtshirniges (Verse, Bilder, Farben, räumliche Anschauung, Lieder, rhythmische Sequenzen usw.) geheftet und damit besser gespeichert und leichter abgerufen werden.

Die Geschichte

Du weißt ja schon, daß in unserem Gehirn allerhand los ist. Heute will ich dir erzählen, was passiert, wenn du lernst und denkst. Eigentlich machen das alles die Nervenzellen – Neuronen heißen sie. Sie bekommen fleißig Post von den Postboten und schicken auch wieder Post ab. Auf der linken Hirnseite wird aber ganz anders gearbeitet und gedacht als auf der rechten.

Links wohnt der Lukas. Der Lukas macht alles immer sehr ordentlich. Er erledigt eines schön nach dem anderen. Hier siehst du ihn, wie er gerade etwas ins Heft schreibt. Ganz genau paßt er auf, daß er nichts vergißt und daß ja alles stimmt.

In seinem Zimmer ist alles an seinem richtigen Platz.

Besonders gern mißt er etwas ab oder sortiert oder schreibt und rechnet ins Heft.

Ganz anders schaut es bei Rita aus. Sie wohnt in der rechten Hälfte. An ihrem Zimmer kannst du gleich erkennen, was sie alles gerne macht.

Sie liest gerade ein schönes Buch. Die Beine hat sie gemütlich auf dem Tisch. Zu der Geschichte, die sie liest, stellt sie sich Bilder vor. Überhaupt malt und bastelt sie gern.

Sie hat auch Freude an der Be-
wegung und macht gern Musik.

Wen von den beiden – Lukas oder Rita – würdest du lieber besuchen?

Also, mir persönlich gefällt es bei der Rita sehr gut. Da gibt es so viele interessante Beschäftigungen.

Aber wenn wir in der Schule etwas arbeiten müssen, bei dem es ganz genau geht: Was glaubst du, wer da besser wäre? Richtig, der Lukas!

Die Rita ist nämlich oft ein bißchen schlampig und macht ihre Arbeiten so „hoppla-hopp".

Stell dir nur einmal vor, du mußt rechnen: Da ist es doch überhaupt nicht egal, ob bei einer Rechnung 12 oder 14 oder 9 herauskommt. Das muß doch ganz genau stimmen.

Oder stell dir vor, du hast fünfmal mit „Plus" gerechnet, und jetzt kommt plötzlich ein „Minus"! Kannst du dir vorstellen, was die Rita da macht? Die merkt gar nicht, daß jetzt „Minus" da steht und macht lustig und vergnügt mit „Plus" weiter. Natürlich hat sie dann diese Aufgaben alle falsch.

Jetzt könntest du dir denken: Wir brauchen zum Lernen die Rita gar nicht, sondern nur den Lukas. Aber das ist falsch.

*Beim Lesen zum Beispiel geht ohne Rita überhaupt nichts. Der Lukas erkennt zwar die einzelnen Buchstaben. Aber er könnte hundertmal und tausendmal lesen: **V - a - t - e - r**, und er würde nie, nie dahinterkommen, daß es **Vater** heißt. Da kannst du dir natürlich auch vorstellen, daß er niemals eine ganze Geschichte verstehen würde, wenn er mit dem einen Wort schon solche Probleme hat.*

Lukas und Rita müssen also dringend zusammenarbeiten, dann kannst du gut denken und lernen.

Für die Praxis

Jeder Sportler läuft sich warm, bevor er mit dem Training beginnt. Daß unsere Muskeln, Sehnen und Bänder ohne Aufwärmübungen nicht annähernd so leistungsfähig sind wie „mit", weiß jeder. Wettbewerbe, die bei warmem Wetter stattfinden, sind mit einem weit geringeren Verletzungsrisiko verbunden, weil da auf physikalischem Weg – durch äußere Hitze – das geschieht, was sonst durch Bewegung erzeugt werden muß: das Aufwärmen von Muskeln, Bändern und Sehnen. Was im Sport selbstverständlich ist, sollte auch für jegliche geistige Arbeit zum kleinen Einmaleins gehören: Aufwärmen verbessert die Qualität der nachfolgenden Leistung. (S. 13 ff.)

Da unser Neokortex an allen bewußt in Gang gesetzten und kontrollierten Bewegungen beteiligt ist und da er außerdem die Zentrale für geistige Leistungen ist, liegt eigentlich nichts näher, als diesen Neokortex zunächst einmal grundsätzlich und unspezifisch zu aktivieren, bevor er sich dann speziellen Denkaufgaben zuwenden soll. In Manageretagen wird mittlerweile die körperliche Auflockerung als Mittel zur Leistungssteigerung groß geschrieben. In Japan gehört Gymnastik zum Arbeitstag.

Auch in unsere Schulen hält der Gedanke, wie wichtig häufige und regelmäßige Bewegungssequenzen für geistige Leistungsfähigkeit sind, langsam, sehr langsam, Einzug. So hat zum Beispiel das Bayerische Kultusministerium im Herbst 1997 mit großem Publicityaufwand und erheblichen Kosten die Broschüre „Bewegte Grundschule" herausgebracht. Dort finden sich auch sinnvolle Anregungen für Bewegungsübungen, die zum Teil sogar deckungsgleich mit kinesiologischen Übungen sind, wie zum Beispiel:

– Beugen und Strecken der Füße
– im Sitzen von einer Pohälfte zur anderen wechseln
– Achter mit Beinen und Füßen in die Luft malen
– Schulterkreisen
– Dirigieren
– Bauchatmung (29)
– Dehnungen
– Überkreuzbewegungen (30)

Ebenso gibt es in dieser erwähnten Broschüre theoretische Überlegungen, die jedem, der sich mit Psychomotorik (31), sensorischer Integration (32), Edukinestetik (33), basaler Begabungsförderung (34) oder mit den von mir vertretenen Lernmethoden (35) befaßt hat, längst vertraut sind, so zum Beispiel:

> „Somit stellt Bewegung die Basis für kindgemäße Lernbedingungen
> dar, und zwar nicht nur für den kinästhetischen Lerntyp, sondern für

die meisten unserer Kinder. Insbesondere bei der Förderung lernschwacher Kinder konnte dadurch zum Teil ein beachtlicher Lernzuwachs verzeichnet werden." (Seite 32)

Oder:

> „Dynamisches Sitzen zwingt durch die damit verbundenen Beckenbewegungen die Wirbelsäule zur Aktivität und stellt so auch die optimale Versorgung des neuromuskulären Systems sicher. Diese wiederum hat *nachweislich* positive Auswirkungen auf die geistige Beweglichkeit und die Konzentrationsfähigkeit." (Seite 21; Hervorhebung: Chr. B.)

Die Umsetzung dieser sinnvollen Anregungen in die Unterrichtspraxis des „normalen" Lehrers wird jedoch mit so geringem Engagement betrieben, daß die meisten Lehrer die „Bewegte Grundschule" zwar zur Kenntnis nehmen, aber eben doch nichts Rechtes damit anzufangen wissen. Der Lehrer ist auch hier, wie so oft, auf seine eigene Initiative und sein individuelles Engagement angewiesen.

Wie gesagt: Bewegung soll dazu dienen, unser Gehirn „aufzuwärmen" für Denkleistungen. Optimal wäre es, wenn unsere verschiedenen Gehirnbereiche integriert zusammenarbeiten würden. Dabei liegt unser Hauptaugenmerk zunächst einmal auf der Rechts-links-Integration, also auf der Verbindung der Fähigkeiten von Lukas und Rita.

Unbewußte, zappelige und reflektorische Bewegungen, also die Muster, die hyperaktive Kinder für gewöhnlich zeigen, werden nicht vom Neokortex geplant und kontrolliert, eignen sich also für unsere Zwecke nicht. Wir brauchen Bewegungen, die eine bestimmte, *bewußt beabsichtigte* Sequenz beinhalten. Diese Sequenz wird dann in Zusammenarbeit mit den Basalganglien optimiert, in Abstimmung mit dem Kleinhirn harmonisch und fließend gestaltet und vom Neokortex wieder kontrolliert.

Wenn bei der ausgeführten Bewegungssequenz rechte und linke Körperhälfte aufeinander abgestimmt werden müssen, so bedingt das natürlich auch die Zusammenarbeit der prämotorischen und motorischen Bereiche des Neokortex auf der rechten und linken Hemisphäre. Die Zusammenarbeit rechter und linker Gehirnteile erfolgt immer über Kommissurenfasern, in diesem Fall über das Corpus callosum. Da Erregungsimpulse im Gehirn sich wellenförmig weiter ausbreiten (37), ist es nicht unrealistisch anzunehmen, daß eine Aktivierung der motorischen Bereiche die benachbarten Bereiche des Neokortex aktiviert. Es eignen sich für diesen Zweck zum Beispiel:

– alle Überkreuzbewegungen

– Tänze

– Bewegungsserien, bei denen es um Geschicklichkeit geht

– mit dem Körper gestaltete Rhythmen (stampfen, patschen, klopfen, schnalzen, klatschen usw.)

Wenn wir etwas machen, das uns besonderen Spaß bereitet, werden die tiefer gelegenen Gehirnbereiche des limbischen Systems noch mit der Tätigkeit verknüpft und somit bereits positiv gestimmt. Das erleichtert das nachfolgende Lernen deutlich.

Aus dem Wissen um die Unterschiedlichkeit der beiden Hemisphären ergibt sich aber noch eine sehr bedeutsame Konsequenz für unsere Praxis. Wir tun gut daran, das zu beherzigen, was durch Merkhilfen und Eselsbrücken bereits seit langem „intuitiv" in die Didaktik eingeflossen ist: „Linkshirnige" Inhalte sollten mit „rechtshirnigen" Aktivitäten verknüpft werden, um besser in unserem Gedächtnis verankert zu werden. Das, was als ganzheitlicher Unterricht inzwischen auch von amtlicher Seite sehr geschätzt wird, tut nichts anderes: Wissen wird begreifbar, erfahrbar, tastbar usw. gemacht.

Einige konkrete Schlußfolgerungen für den Unterricht:

- Buchstaben merkt man sich leichter über Bilder, Gedichte, passende Gerüche oder etwas zum Essen.
- Das Schreiben in den Heften fällt nach großräumigen Übungen in der Luft oder auf dem Boden – am besten noch in Verbindung mit Merkversen – leichter.
- Das Zehnersystem kann durch Verpackungsübungen mit Perlen nicht nur anschaulich, sondern auch begreifbar gemacht werden.
- Das Einprägen der Schreibweise von Wörtern kann unterstützt werden durch Tasten von Relief-Wortkarten, farbige Darstellung von besonderen Schwierigkeiten, Spurenschreiben in der Sandkiste, Erfühlen der Wortspur auf dem eigenen Rücken, Stationentraining und Laufdiktate.

6

Lukas und Rita
machen einen Ausflug

Zur Theorie

Aus dem oben Gesagten ergibt sich deutlich, daß die beiden besser daran tun, alles gemeinsam zu unternehmen. Einer allein hat nur den halben Spaß und auch nur den halben Erfolg.

Beim Rollschuhfahren zum Beispiel ist Lukas für die richtigen Einzelbewegungen zuständig. Aber die ganze Sequenz, das Festlegen einer Route und der Überblick obliegen Rita. (Basalganglien und Kleinhirn vernachlässigen wir hier.)

Hindernisse, die auf dem Weg unvorhergesehen auftauchen, rufen wiederum Lukas auf den Plan. Rita würde in voller Fahrt auf einen Stein oder eine Unebenheit im Boden losfahren und erst nach dem Sturz registrieren, daß „da etwas war".

Lukas allerdings käme nie richtig in Fahrt, würde sich immer Schritt für Schritt vom Boden abstoßen und fände das ganze Unternehmen sicher eher frustrierend.

Die Geschichte

Lukas und Rita wollen einen Ausflug machen. Weil so schönes Wetter ist, holen sie ihre Rollschuhe und fahren los. Dabei ist es sehr wichtig, daß sie beisammen bleiben und sich gegenseitig helfen.

Wenn Lukas zum Beispiel allein wäre, der würde immer überlegen, was er alles machen muß. Dann würde er es schön langsam und gründlich der Reihe nach tun. Glaubst du, daß der Lukas jemals so richtig in Schwung käme? Nein, sicher nicht.

Anders wäre es bei Rita. Sie würde natürlich sofort losflitzen. Aber wehe, wenn ein Stein oder irgendein anderes Hindernis käme. Sie wäre so in Fahrt, daß sie einfach drauflos rennen würde, und den Rest kannst du dir ja denken: Sie würde „auf die Nase fallen"!

Deshalb ist es so wichtig, daß die beiden zusammenhalten und einander unterstützen. Dann können sie flott dahinfahren, und wenn es gefährlich wird, können sie rechtzeitig bremsen.

7

Die Neuronenbremse –
Sieger ist nicht immer der
Schnellste, sondern der, der es
richtig macht!

Die Theorie

Anfang der siebziger Jahre sorgte eine erfolgreiche Lehrmethode, die „im Osten" erfunden worden war, für tiefreichende Beunruhigung westlicher Wissenschaftler. Es war die Suggestopädie des bulgarischen Professors Lozanow (38). Diese Methode war so revolutionär wie einfach. Die einzige Voraussetzung für ihre Anwendung bestand im Erlernen gezielter Entspannung. Dabei sollte durch diese gezielte Entspannung ein Reduzieren der Gehirnwellenfrequenz auf die sogenannten Alphawellen (zwischen 7 und 14 Hertz) erfolgen. Nach der Theorie von Lozanow ist das Gehirn in diesem entspannten Zustand wesentlich aufnahmefähiger als sonst.

Eine genaue Beschreibung der Suggestopädie soll hier nicht erfolgen. In unserem Zusammenhang interessiert vor allem die mittlerweile vielfach bewiesene Erkenntnis der größeren Aufnahmefähigkeit bei geringerer Gehirnwellenfrequenz. Während Neuronen im Alphazustand mit 7 bis 14 Zyklen in der Sekunde schwingen, kann ein gestreßtes Gehirn seine Neuronen mit einem Tempo bis zu annähernd 40 Zyklen pro Sekunde dahinjagen. Wir alle wissen aus Erfahrung, daß wir im Zustand großer Erregung nicht in der Lage sind, ruhig zu denken und besonnen zu handeln. Für unseren Unterricht und für unser eigenes Lernen ergibt sich daraus zwingend die Konsequenz, daß wir einen entspannten Zustand sowohl bei uns als auch bei unseren Schülern anstreben sollten.

Die Geschichte

Du weißt ja, wenn wir in die Turnhalle gehen, dann sind wir am schnellsten, wenn jeder ordentlich sein Turnsäckchen nimmt und sich ohne zu trödeln aufstellt. Wenn ihr anfangt zu rennen „wie die wild gewordenen Handfeger", dann dauert es am allerlängsten, weil es Gedrängel und Geschubse an der Tür gibt, weil ihr Sachen von den Garderobehaken werft, die ihr dann erst wieder aufhängen müßt und so weiter.

So ähnlich könnt ihr euch das in eurem Gehirn vorstellen. Es ist zwar wichtig, daß die Postboten flink sind und nicht herumtrödeln. Sie sollen auch freie Wege haben, die nicht durch Erdhaufen oder Steine oder heruntergefallene Äste verstopft sind. Aber wenn sie ihre Briefe sehr hastig und ohne aufzupassen in ihre Taschen stopfen, dann kommt nichts Ordentliches dabei heraus. Vielleicht packen sie das Falsche ein oder erwischen in der Eile gar nichts und rennen ohne Post weiter.

Wenn also die Postboten von den Neuronen so herumgehetzt werden, daß sie beim Einpacken schon die Hälfte liegen lassen, dann können sie die Post natürlich auch nicht richtig abliefern, und du kannst auch nicht richtig arbeiten und denken.

Schauen wir uns erst einmal an, wie es ist, wenn sie beim Lesen die Buchstaben ordentlich und vollständig bringen:

Lukas und Rita arbeiten zusammen, und die Postboten schleppen die Buchstaben heran. Jeder Postbote hat immer die Buchstaben von einem Wort dabei. Sie werden zu ordentlichen Haufen gelegt, und Lukas und Rita sortieren sie dann zu Wörtern. Es soll der Satz werden: Mitten in der Nacht fliegt um das Haus die Eule.

Und jetzt schau dir an, was los ist, wenn die Postboten flitzen wie wild:

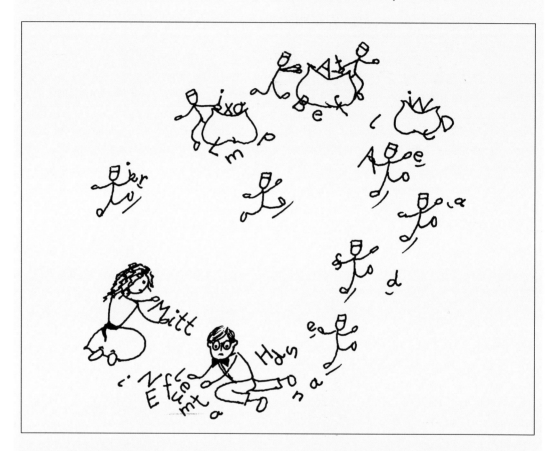

Die Buchstaben fliegen nur so durcheinander, und Lukas und Rita können nicht dahinterkommen, was das heißen soll, weil die Postboten vor lauter Hetze nur einen Teil der Buchstaben eingepackt haben.

An dieser Stelle zeige ich den Kindern noch einmal am Beispiel unserer Rechenperlen, wie es ist, wenn Informationen zu hastig „eingepackt" werden sollen.

Ich stelle eine große Schüssel voller Holzperlen, wie wir sie zum Rechnen benutzen, auf einen Hocker. Dann laufe ich flott an dieser Schüssel vorbei, ohne zu bremsen, und versuche, im Vorbeilaufen so viele Perlen wie nur möglich zu erwischen. Das klappt nicht: Entweder kann ich nur eine oder einige Perlen aufnehmen, oder ich werfe einige aus der Schüssel auf den Boden. Am reichsten wird meine Ausbeute, wenn ich langsam und stetig an der Schüssel vorbeigehe und dabei mit beiden Händen Perlen schöpfe.

Das lasse ich auch einige Kinder probieren: Sie machen alle die gleiche Erfahrung: Wenn sie schnell – ohne zu bremsen – an der Schüssel vorbeilaufen, erwischen sie so gut wie nichts.

Es ist also klar: Wir müssen unsere Neuronen so „herunterbremsen", daß sie die Postboten nicht hetzen, sondern daß diese zwar ohne zu trödeln, aber auch ohne Streß ihre Arbeit erledigen können.

Für die Praxis

Es gibt einiges, was wir tun können, um unsere Neuronen „herunterzubremsen", also die Frequenz unserer Gehirnwellen zu verlangsamen in Richtung Alphafrequenz. Bereits das Schließen der Augen wirkt als Bremse, ebenso wie tiefes und gleichmäßiges Atmen. Auch entspannende Körperhaltungen, wie wir sie aus dem Yoga kennen, leisten hier gute Dienste.

Eine Haltung, die sowohl aus der Kinesiologie als in verwandter Form auch aus dem Yoga bekannt ist, ist die „Cook-Übung" (39). Überhaupt können einfache Yogaübungen den Kindern (oder Müttern) auch für den selbständigen Einsatz zu Hause gezeigt werden.

Meine Tochter bekam in der 3. Klasse das Buch *Komm, wir spielen Yoga* (39) geschenkt und macht seitdem regelmäßig – sie ist mittlerweile 20 Jahre alt – einige Übungen, von denen sie spürt, daß sie ihr besonders gut tun. So hat sie zum Beispiel die Erfahrung gemacht, daß sie sich Geschichtszahlen, Formeln und andere Fakten besonders gut in der Yogastellung „Pflug" einprägen kann. Zu ihren weiteren Lieblingsübungen gehören Baum, Krokodil, Fisch, Dreieck, Kerze und Kobra. (40)

Täglich durchgeführte Entspannungsübungen helfen mit, die Grundstimmung in der Klasse entspannter und damit lernfreundlicher zu gestalten (41). Konzentrationsfördernd und entspannend wirkt es auch, wenn in den Stillarbeitsphasen, in denen es dann allerdings auch wirklich still sein sollte, klassische Musik leise gespielt wird. Besonders gerne setze ich diese Möglichkeit bei Schreibübungen ein. Auch das Absenken der Lehrerstimme auf eine etwas tiefere Frequenz sowie das betont langsame und modulierte Sprechen eignen sich dazu, hektische und allzu betriebsame Kinder zu beruhigen und überhaupt eine ruhige Atmosphäre im Klassenzimmer zu fördern.

Mir ist es wichtig, den Kindern zu zeigen, wie sie selbständig die „Neuronenbremse" einsetzen können. Viele Schüler regen sich ja über Gebühr auf, wenn sie eine Arbeit allein erledigen sollen, wenn etwas diktiert oder gar eine Probearbeit geschrieben wird. Ein paar ruhige Atemzüge, eine konzentrierende Körperhaltung und das Bewußtsein, nicht völlig hilflos zu sein, können da schon – nicht gerade Wunder wirken, aber doch dazu beitragen, sich wieder in die Gewalt zu bekommen und nicht völlig außer sich zu geraten.

In meiner letzten Klasse hatte ich einen stark verhaltensgestörten und überängstlichen Buben, der es im Lauf der ersten Klasse lernte, in der Gruppe zu arbeiten und seine Aufgaben weitgehend selbständig zu erledigen. Er drehte jedoch völlig durch, wenn ihm bei unserem täglichen Fremddiktat die Schreibweise eines Wortes nicht sofort einfallen wollte. Dann weinte und zitterte er und verlor jegliche Selbstbeherrschung. Ihm half es immer sehr, wenn ich ihm meine Hand auf die Stirn legte, ihn zu einigen ruhigen Atemzügen aufforderte und mit langsamer und etwas abgesenkter Stimme noch einmal das betreffende Wort wiederholte.

Für alle Kinder ist es nützlich, wenn sie gerade vor dem Erklären eines neuen Sachverhalts kurz die Augen schließen, einige tiefe Atemzüge machen, sich dabei vielleicht noch die Stirn halten und etwas zur Ruhe kommen. Auch dem Lehrer tut es gut, wenn er sich vor einer neuen Unterrichtssequenz etwas sammelt. Deshalb ist die „Neuronenbremse" – in welcher Form auch immer – ein fast unverzichtbarer Bestandteil unseres Unterrichtsalltags.

8

Der Räuber Thalamus

Die Theorie

Tief im Zentrum unseres Gehirns liegt das Doppelorgan des Thalamus, bestehend aus einem rechten und einem linken Teil. Jeder dieser Teile ist eine circa 4 cm lange eiförmige Ansammlung von Nervenkernen. Nervenkerne wiederum sind ein Zusammenschluß von Neuronen und bestehen aus grauer Substanz, während die Nervenfasern wegen der Myelinhülle (vgl. S. 17), die sie umgibt, aus weißer Substanz bestehen.

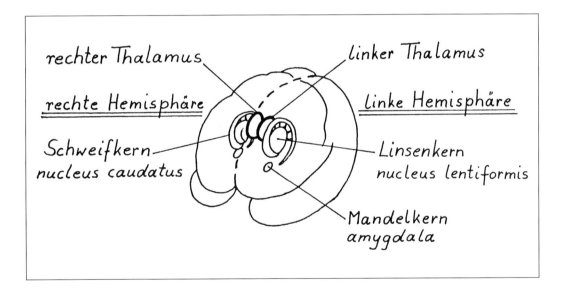

Auf der Abbildung sind die anatomischen Gegebenheiten zu sehen. Zu der Bezeichnung „Linsenkern" (Nucleus lentiformis) muß eine Anmerkung gemacht werden:

An dieser scheiden sich offensichtlich die Geister. Im dtv-Atlas der Anatomie (Ausgabe von 1991) wird sie als von den „alten Anatomen" verwendet und heutzutage nicht mehr gebräuchlich dargestellt. (42) Der Autor benennt nur die beiden Bestandteile des „ehemaligen" Linsenkerns, Putamen und Pallidum. In

65

einem Lernprogramm der Universität Saarbrücken aus dem Jahr 1998, das als Zielgruppen Studenten, Dozenten, Neurologen, Neurochirurgen, Radiologen und Nuklearmediziner angibt, werden jedoch alle drei Bezeichnungen gleichwertig verwendet: Nucleus lentiformis als Oberbegriff, Putamen und Pallidum für die zwei Bestandteile. (43) Hier wird der Einfachheit halber der Begriff Linsenkern bevorzugt.

Der Thalamus ist die letzte Umschaltstationen aller sensorischen Informationen, die an die Großhirnrinde, den Neokortex, geschickt werden. Lediglich Gerüche werden direkt, ohne Prüfung durch die Kontrollinstanz Thalamus, verarbeitet.

Der Thalamus sortiert Botschaften nach den mit ihnen verbundenen Gefühlen. Er kann Informationen, die noch unter der Bewußtseinsschwelle sind, aufhalten, bevor sie uns in den höheren Gehirnzentren des Neokortex bewußt werden.

Diese Kontroll- und Selektionsfunktion hatte entwicklungsgeschichtlich durchaus ihre Berechtigung und hat sie bis zu einem gewissen Grad auch heute noch. Nehmen wir an, Sie überqueren gerade die Straße, als sie hören und spüren, wie die hintere Naht Ihrer Hose plötzlich aufreißt. Sie haben eine Jakke umhängen, die Sie um die Hüfte binden und mit der Sie somit die Peinlichkeit umgehen könnten, mit aufgeplatzter Hose auf der Straße zu stehen. Gleichzeitig mit dem Aufreißen Ihrer Hose nehmen Sie jedoch einen Autofahrer wahr, der offensichtlich die rote Ampel übersehen hat und mit beängstigender Geschwindigkeit um die Kurve biegt, direkt auf Sie zu.

In diesem Moment existiert das Problem der aufgerissenen Hose für Sie nicht mehr, es ist buchstäblich gelöscht, und Sie retten sich mit einem Sprung auf den Bürgersteig. Dieser Sprung gibt möglicherweise Ihrer Hose den Rest, so daß Sie nun völlig „im Freien" stehen, aber das ist schließlich für Sie wesentlich besser, als mit züchtig verdecktem Riß überfahren zu werden.

Erst als die unmittelbare Gefahr vorüber ist, dringt der nicht gesellschaftsfähige Zustand Ihrer Bekleidung wieder in Ihr Bewußtsein. Sie werden peinlich berührt und hastig Ihre Jacke umbinden und überlegen, was Sie nun am besten tun könnten, um den Schaden zu reparieren: Nach Hause zum Umkleiden gehen? Eine neue Hose kaufen? Nähzeug kaufen und den Schaden an einem stillen Örtchen reparieren? Zu Hause anrufen, jemand solle Ihnen Kleidung zum Wechseln bringen? Sie haben auf alle Fälle jetzt wieder die volle Palette Ihrer Handlungsmöglichkeiten vor Ihrem geistigen Auge.

So sinnvoll und manchmal geradezu lebensrettend es sein kann, wenn der Thalamus bedrohliche Eindrücke bevorzugt ins Bewußtsein läßt und anderes einfach unterdrückt, so sehr kann sich diese Tätigkeit unter umgekehrten Vorzeichen als ausgesprochen kontraproduktiv und verhängnisvoll erweisen.

Sehen wir uns einmal genauer an, welche Informationen die besten Chancen haben, an der Umschaltstation nicht ausgesondert, sondern weitergeleitet zu werden. Es sind solche, die verknüpft sind mit positiven Gefühlen. (44)

Der Mensch sucht:	Der Mensch möchte meiden:
Wohlergehen, Freude,	körperliche Entbehrungen,
	Schmerz, Hunger, Schlaflosigkeit,
Erfolg, Macht,	Mißerfolg, Entbehrungen,
Anerkennung,	Verachtung,
Liebe, Intimität, Zärtlichkeit,	Ungeliebtsein, Lieblosigkeit,
soziale Integration,	Gleichgültigkeit,
Erleichterung, Sicherheit, Ruhe,	Sorge, Angst, innere Unruhe,
Abenteuer, neue Erfahrungen	Langeweile, Monotonie

Informationen, die verknüpft sind mit negativen, furchteinflößenden Emotionen, werden in der Kodierung unserer Überlebensmechanismen als hinderlich und überflüssig empfunden und damit von dem Impuls, das Überleben zu sichern, verdrängt und kurzerhand „aussortiert". Wer interessiert sich angesichts vitaler Bedrohung schon für Lateinvokabeln, Rechtschreibregeln und Einmaleinsreihen?

Daß es in unserer modernen Lebenssituation nur noch höchst selten um real existierende Gefahren für Leib und Leben, sondern fast immer um psychischen Streß geht, „weiß" der Thalamus nicht. Er behandelt jede negative Emotion vorrangig und verdrängt Informationen, die, gemessen an der existentiellen Frage „Sein oder Nichtsein", ja auch wirklich unwichtig sind. Somit ist die Instanz Thalamus „ein Dreh- und Angelpunkt für fehlgeleitete, unterbliebene und nicht zugängliche Informationsspeicherungen". (45)

An diesem Selektionsvorgang sind außer dem Thalamus auch noch der Hippocampus, der unmittelbar darunter liegt, und die Formatio reticularis im Hirnstamm beteiligt. Die herausragende Rolle des Thalamus als Relaisstation scheint aber unbestritten. Der britische Gehirnforscher Sir John Eccles formuliert es ausdrücklich: „Jede Sinnesinformation mit Ausnahme der Geruchsinformation muß über ihn laufen." (46)

Wir lernen und arbeiten besser und erfolgreicher, wenn wir mit unserer Tätigkeit ...

– positive Gefühle verknüpfen,
– wenn sie uns interessant und abenteuerlich vorkommt,
– Freude und Anerkennung vermittelt,
– unsere Position in unserer sozialen Gemeinschaft stärkt,
– uns vielleicht sogar Liebe und Zärtlichkeit einbringt,
– wenn wir uns ihr in Geborgenheit, Sicherheit und Ruhe widmen können.

Das sind eigentlich keine neuen Erkenntnisse, sondern eher Tatsachen, die sich mit unserer Lebenserfahrung decken.

Wie können wir es uns aber dann erklären, daß es auch Schüler gibt, die erst dann lernen, wenn sie unter Druck gesetzt werden, wenn Sie Angst vor negativen Konsequenzen haben, wenn sie angeschrien, vielleicht sogar geschlagen werden?

Es geistern ja auch in romantisierenden Erzählungen über vergangene Zeiten bei einigen Erwachsenen noch die verklärten Bilder von Lehrern, denen eben „die Hand ausrutschte", wenn ein Schüler beispielsweise zu lange brauchte, um eine Einmaleinsreihe aufzusagen oder ein Kopfrechenergebnis zu produzieren. Und – o Wunder – plötzlich lernte dieser Schüler, konnte entweder sofort oder spätestens am nächsten Tag seinen Stoff fehlerlos und hatte so eigentlich allen Grund, dem rabiaten Lehrer dankbar zu sein.

Derlei Episoden stehen nicht im Widerspruch zu dem vorhin über die Thalamusfunktion Gesagten. Das Vermeidenwollen von Unlust, die Angst vor existentieller Bedrohung können in Einzelfällen auch zu einer Flucht nach vorne führen, vergleichbar dem Sprung über einen Zaun, der uns angesichts eines wütenden Bullen vielleicht möglich ist, obwohl er im Normalfall unsere Fähigkeiten deutlich übersteigen würde.

Lernstrategien, die auf Druck und Angst aufbauen, sind jedoch überhaupt nur bei einem sehr geringen Teil unserer Schüler erfolgversprechend. Sie führen meiner Ansicht nach auch in eine psychische Sackgasse, abgesehen davon, daß sie unter ethischen Gesichtspunkten ohne Wenn und Aber abzulehnen sind.

Das soll nicht heißen, daß es nicht sinnvoll wäre, negative Konsequenzen von Faulheit oder Leistungsverweigerung spüren zu lassen. Davon aber weiter unten. Hier geht es um das Transparentmachen „thalamischer" Funktionen.

Alle Informationen werden also an dieser Umschaltstation unter die Lupe genommen und entweder weitergeleitet oder verdrängt. Dabei werden alle visuellen Inputs über zwei Nervenkerne geleitet, den rechten und linken seitlichen Kniehöcker – Corpus geniculatum laterale. (Vgl. Abbildung S. 28)

Alle akustischen Inputs gehen über die Kerne des rechten und linken mittleren Knichöckers – Corpus geniculatum mediale. (Vgl. Abbildung S. 29)

In der Nähe dieser Kniehöcker, am hinteren Teil des Thalamus – Thalamus dorsalis –, enden auch Fasern für Geschmack, Gleichgewicht und Druck- und Schmerzempfindlichkeit der Haut und werden dort „umgeschaltet" auf Nervenbahnen zu den jeweils zuständigen Feldern des Neokortex.

Der Thalamus hat also wahrhaftig eine Schlüsselposition für Erfolg oder Mißerfolg beim Lernen inne, und wir tun gut daran, diese „thalamischen" Funktionen ernstzunehmen. Dazu gehört für mich auch, meinen Schülern so gut wie möglich Einblick in diese Zusammenhänge zu vermitteln, denn was sie verstehen, macht ihnen weniger Angst.

Die Geschichte

Du weißt ja schon, daß die Neuronen die Postboten durch das Gehirn schicken mit Botschaften aller Art: Zahlen, Buchstaben, Schreibschwünge und so weiter.

Lukas und Rita arbeiten dann zusammen und machen aus den Sachen, die da angeschleppt werden, etwas Vernünftiges: eine schöne Geschichte oder geschriebene Wörter oder eine richtige Rechenaufgabe.

Jetzt darfst du dir das aber nicht so einfach denken, daß die Postboten in einem durch bis zu Lukas und Rita flitzen, sondern die Post wird – wie bei der richtigen Post auch – gesammelt und auf einen Wagen geladen und weitertransportiert. Auf dem Bild kannst du sehen, wie gerade alle fleißig beim Aufladen sind.

Der Kutscher wartet auf dem Kutschbock schon, daß es endlich losgeht.

Und dann fährt er ab.

Wenn er mit seiner Wagenladung gut bei Lukas und Rita ankommt, freuen sich die beiden. Sie haben es gern, wenn sie viel Post bekommen, denn dann haben sie was zu tun.

In der Großhirnrinde, wo Lukas und Rita „wohnen", gibt es auch wieder genügend Postboten, die ihnen bei der Arbeit helfen, Säcke öffnen, Material sortieren, Ergebnisse weiterleiten. Alle haben an der Arbeit Spaß, das kannst du hier sehen.

Leider klappt es aber nicht jedes Mal so gut, daß der Kutscher wohlbehalten mit seiner Wagenladung bei Lukas und Rita ankommt. Gleich nach der Lagerhalle, wo sein Wagen beladen wird, muß er nämlich durch einen gefährlichen Hohlweg fahren. Das ist ein Weg, der zwischen zwei Felswänden durchführt. Die Felsen wären nicht das Gefährliche, aber dort, wo der Weg beginnt, wohnt in einer Höhle ein wilder Räuber, der Räuber Thalamus. Hier siehst du, wie der Fuhrmann an der Höhle vorbeifährt. Zum Glück schläft der Räuber gerade.
(Vgl. Bild auf der nächsten Seite!)

Aber wehe, wenn auf dem Wagen etwas ist, das nach Angst oder Langeweile oder Ärger riecht, dann wird der Räuber Thalamus sofort wach, so fest kann er gar nicht schlafen. Er riecht das und will den Wagen unbedingt ausrauben, denn alles, was nach Angst oder Ärger oder Langeweile riecht und schmeckt, das mag er für sein Leben gern. Das nimmt er sich dann einfach und läßt nur die Angst oder den Ärger durch.

Kannst du dir vorstellen, daß Buchstaben oder Zahlen nach Angst riechen können oder nach Ärger? Das ist immer dann der Fall, wenn du Angst hast, daß du etwas nicht kannst, oder wenn du dich ärgerst, weil du schon einmal einen Fehler gemacht hast.

Weißt du noch, Daniel, wie du dich am Anfang immer beim Schreiben geärgert hast, daß es nicht gleich so ging, wie du es dir vorgestellt hast? Und weißt du auch noch, wie du es vor lauter Ärger dann immer noch schlechter konntest?

Wir haben doch oft darüber geredet, daß es am Anfang ganz normal ist, wenn etwas nicht gleich perfekt klappt, und auf einmal hast du aufgehört, mit dir selber bei jedem Fehler so böse zu sein, und plötzlich ging's. Und heute schreibst du doch wirklich schön, das mußt du selber zugeben.

Oder du, Alexandra. Du warst beim Lesen immer gleich so ungeduldig und hast dich furchtbar aufgeregt und Angst gehabt, daß du dumm bist. Kannst du dich noch erinnern? Und immer, wenn du es besonders gut machen wolltest, ging es erst recht nicht, weil du immer vorher schon Angst hattest. Aber jetzt kannst du es fast immer, und nur noch ganz, ganz selten hast du Angst.

Oder du, Philipp. Du kannst doch wirklich gut rechnen. Aber weißt du noch, gestern, als ich dich aufgerufen habe, da bist du richtig erschrocken, und dann konntest du eine ganz einfache Rechnung (5 + 4) auf einmal nicht mehr. Aber solche Rechnungen kannst du ja eigentlich im Schlaf, so leicht sind sie für dich!

Und jetzt versteht ihr auch, warum ich immer sage: Fehler gehören in die Schule. Ihr dürft euch nämlich über eure Fehler auf keinen Fall aufregen oder ärgern, sonst kommt er, der Thalamus. Schaut ihn euch nur an:

Da steht er, im Eingang zu seiner Höhle, schnuppert und sagt: „Ich rieche, rieche Angst! Ich rieche, rieche Aufregung! Ich rieche, rieche Ärger! Mmmh, das wird mir schmecken!"

Da kommt auch schon der Fuhrmann. Vor Schreck ist er zunächst einmal wie gelähmt, als er den Räuber sieht. Der reißt die Säcke vom Wagen und droht mit seiner Keule.

Doch als er sich einmal umdreht, gibt der Kutscher seinem Pferd die Peitsche, und fort geht's im Galopp!

(Siehe Abbildung nächste Seite oben)

Aber als der Wagen ankommt, sind Lukas und Rita und ihre Helfer sehr enttäuscht: Es ist ja fast nichts mehr auf dem Wagen! Da können sie natürlich nicht richtig arbeiten!

(Siehe Abbildung nächste Seite unten)

So geht es dir, wenn du beim Lernen Angst hast oder dich ärgern mußt: Da kommt fast nichts dabei heraus. Du denkst dir dann vielleicht, du bist dumm, und in Wirklichkeit war es der Thalamus, der dir alles „weggeräubert" hat.

Ja, was macht denn der Bösewicht jetzt? Er liegt vollgefressen in seiner Höhle und schnarcht. Da siehst du noch einige angenagte Buchstaben und Zahlen. Er hat wirklich gefressen bis zum Umfallen.

Jetzt laßt uns einmal überlegen, wie wir verhindern können, daß der Thalamus uns einfach alles vor der Nase wegschnappt.

- *Wir müssen Geduld haben, wenn ein Kind etwas nicht gleich weiß.*
- *Wir dürfen niemanden auslachen wegen eines Fehlers.*
- *Du darfst nicht so streng mit dir selbst sein: Du mußt dir auch einmal einen Fehler erlauben.*
- *Du sollst dich nicht ärgern, wenn du etwas üben mußt.*
- *Wir helfen einander, interessante Arbeiten zu finden, die nicht langweilig sind.*

Dann nämlich, wenn du gerne und ohne Angst lernst, wenn dir die Arbeit richtig Spaß macht, dann ist überhaupt nichts für den Thalamus auf dem Wagen. Im Gegenteil: Alles, was nach Freude oder Interesse riecht, also nach etwas „Gutem", das ist für den Thalamus ein ganz übler Gestank. So etwas mag er ganz und gar nicht, das läßt er ungehindert durch.

Du mußt dir das so vorstellen: Manchmal hört er den Wagen kommen und geht schon vor die Höhle, um dort Ausschau zu halten.

Aus der Ferne merkt er noch nicht, daß heute gar nichts für ihn dabei ist und daß die ganze Ladung nach Freude oder Interesse „stinkt". Hier steht er noch ganz ahnungslos da und freut sich auf seine Beute.

Aber jetzt hat er's gemerkt: „Hilfe, das ist ja nichts für mich! Nichts wie weg da und hinein in meine Höhle!" Er hält sich das Taschentuch vor den Mund und rennt, was seine Beine nur hergeben.

Vor lauter Eile fällt er sogar hin.

Mit letzter Kraft kriecht er noch in seine Höhle, schlägt die Tür hinter sich zu und wirft sich auf den Boden, damit er nur ja nichts mehr riechen muß von dem fürchterlichen Gestank! Hier auf diesem Bild kannst du das genau erkennen. Die zugeschlagene Tür mußt du dir hinzudenken, denn wenn die Tür davor wäre, könnte man ja den Räuber nicht mehr sehen.

Für die Praxis

Ein positives Lernklima gilt unbestritten als wichtige Voraussetzung für guten Unterricht. Diese Forderung bewegt sich meiner Erfahrung nach allerdings auf einer mehr allgemeinen Ebene. Wenn sie wirklich ernst genommen wird, dann halte ich es nicht für wichtig, ob ein Lehrer subjektiv einfach nur der Meinung ist, eine emotional „warme" Umgebung sei „günstig", oder ob er für diese Meinung auch sachliche Argumente liefern kann. Für den Schüler zählt das Ergebnis: Schule, in die er gerne geht, wird ihm mehr vermitteln als Schule, die ihm gleichgültig ist oder die er im schlimmsten Fall sogar haßt. Und etwas, das so vordergründig einleuchtend und vernünftig ist wie die Forderung nach einem positiven emotionalen Lernklima, wird auch nicht besonders kritisch hinterfragt werden. Dennoch sollte der Lehrer den Eltern vermitteln können, warum er gerade auf solche „Nebensächlichkeiten" so großen Wert legt. Es ist ein Zeichen unserer pädagogischen Professionalität, daß wir eben gerade nicht „nur so" und „aus dem Bauch heraus" agieren, sondern daß wir sowohl didaktische als auch pädagogische Maßnahmen begründen können.

Außerdem hat es sich auch noch längst nicht bei allen Lehrern herumgesprochen, daß weit mehr als nur eine subjektive Meinung oder persönliche Vorlieben für die bewußte und engagierte Gestaltung der richtigen Lernumgebung ins Feld geführt werden können.

Ich hatte einmal eine Kollegin, die parallel zu mir unterrichtete, und meine Aktivitäten – Kochen, Theaterspielen, Wandern, Gestalten eigener Bücher, intensive Elternkontakte – allesamt für sinnlosen Schnickschnack hielt. Sie konnte sich allerdings nicht genug darüber wundern, daß ich immer „so ein Glück" mit meinen Klassen hatte und immer so nette Kinder bekam, die diszipliniert waren, gerne in die Schule gingen und mit Freude lernten. Jedes Jahr wieder jammerte sie mir vor, daß ihre Klasse ja eigentlich auch ganz nett sei, aber sie habe eben das Pech, vier oder fünf Schüler zu haben, die einfach alles kaputt machten. Wenn die nicht wären, ja dann ... Wir unterrichteten zehn Jahre lang parallel, und bis zum Schluß kam sie nicht dahinter, daß hinter meinem pädagogischen „Glück" vielleicht doch professionelle Kompetenz stecken könnte. Lassen Sie sich also nicht irritieren, wenn Ihnen solche Reaktionen begegnen. Sie wissen jetzt: Pädagogisches Engagement ist auch in neurologischer Hinsicht sinnvoll, ja, eigentlich unverzichtbar für erfolgreichen Unterricht.

Um dem Räuber Thalamus so wenig Chancen wie möglich zu geben, sollten wir unseren Unterricht immer wieder kritisch hinterfragen, ob er folgende Kriterien erfüllt:

- Schüler dürfen grundsätzlich Fehler machen.
- Konsequenzen aus Fehlern sind sachlich und nicht persönlich: Was man nicht kann, muß man üben, man wird deshalb aber nicht bloßgestellt.

- Negative Gefühle im Zusammenhang mit Lernen und Üben dürfen artikuliert werden. Der Lehrer nimmt sie ernst und versucht, beim Schüler „Überzeugungsarbeit" zu leisten.
- Positive Erlebnisse werden artikuliert und bewußt gemacht.
- Lernfortschritte einzelner Schüler, sei es im kognitiven oder im sozialen Bereich, werden artikuliert und bewußt gemacht.
- Der Lehrer als meinungsbildende Kraft lebt vor, daß Arbeit Freude macht.
- Im Unterricht soll gemeinsames Tun eine wichtige Rolle spielen.
- Unser Unterricht ist immer wieder einmal Gegenstand gemeinsamer Reflexion und Bewertung: Was gefällt uns besonders gut? Wobei lernen wir am meisten? Was ist lustig? Was haben wir nicht so gern?
- Dabei ist es wichtig zu betonen, daß zum Lernen selbstverständlich ausdauernde Arbeit gehört. Entscheidend ist in meinen Augen, daß dem Begriff Arbeit das Stigma des Negativen genommen wird. Deshalb bezeichne ich grundsätzlich jede organisierte Tätigkeit, die wir in der Lerngruppe Schulklasse miteinander, in Einzelarbeit oder Kleingruppen durchführen, als Arbeit, sei das nun gemeinsames Tanzen, Singen, Kochen, Musizieren, Theaterspielen, Basteln, Turnen oder eben auch Lesen, Schreiben oder Rechnen.

Je mehr positive Erfahrungen im Lebensraum Schule bereits gemacht wurden, desto eher können auch „Durststrecken" verkraftet werden. Ein Schüler, der sich akzeptiert und gemocht fühlt, wird sich nicht sofort existentiell bedroht fühlen, wenn er einmal etwas nicht kann.

Andererseits ist es auch wichtig, daß Schüler, die dazu neigen, jeglicher Unbequemlichkeit aus dem Weg zu gehen, erleben, daß sie mit dieser Strategie keinen Erfolg haben. In einer meiner Klassen hatte ich einmal einen Schüler mit gravierenden Lern- und Verhaltensstörungen. Er arbeitete interessiert mit, wenn gemeinsam etwas besprochen wurde, gewöhnte es sich auch im Lauf der Zeit ab, seine Mitschüler zu attackieren, suchte aber immer nach Mitteln und Wegen, selbständige Arbeit zu vermeiden. Eines Tages saß er während der ganzen Freiarbeitsphase und auch noch im anschließenden Rechenunterricht untätig da und schrieb nicht eine Zeile ins Heft. Ich nahm das zur Kenntnis, wollte ihn aber nicht ermahnen, weil ich vermutete, daß er es genau darauf abgesehen hatte. Als nun nach der Rechenstunde Eßpause war, nahm auch Markus wie selbstverständlich seine Brotzeit heraus. Da sagte ich zu ihm: „Du mußt erst noch die Übung machen, die du dir in der Freiarbeit herausgelegt hattest. Außerdem solltet ihr alle eine Säule ins Heft rechnen, das hast du auch noch nicht. Du hast dir deine Brotzeit heute noch nicht verdient." Markus saß sichtlich frustriert da, während die anderen aßen.

Am nächsten Tag erledigte er in der Freiarbeitsphase zuerst sein Pflichtpensum, suchte sich dann noch eine andere Arbeit und schrieb auch etwas ins Heft. Als wieder Eßpause war, kam er zu mir und sagte: „Gell, heut' hab ich mir mein Brot verdient!" Von da an achtete er immer darauf, sich „sein Brot zu verdienen", und verweigerte nur noch selten die Arbeit. Hier hatte sich das Thalamusprogramm wohl vom Vermeidenwollen der Arbeit zum Vermeidenwollen des Hungers gewandelt.

Wichtig ist, daß der Räuber Thalamus so selten wie möglich eine Chance bekommt, uns beim Lernen zu stören. Und wenn er wirklich einmal unverhofft zuschlägt, macht es den Kindern weit weniger Angst, wenn sie die Mechanismen kennen.

So passierte es einmal, daß Melanie aufgerufen wurde, aber offensichtlich nicht damit gerechnet hatte. Sie hatte wohl gerade nicht aufgepaßt, erschrak und – die geradezu klassische Situation! – wußte eine kinderleichte Rechenaufgabe nicht zu lösen. Ich gab ihr etwas Zeit zum Überlegen und wollte gerade ansetzen, sie zu trösten, denn es war wirklich untypisch für sie, im Unterricht einmal bei einer Unaufmerksamkeit ertappt worden zu sein. Da kam mir Stefan zuvor. Er machte ein fachmännisches Gesicht, deutete mit dem Daumen auf Melanie und sagte überlegen: „Thalamus, gell?", was wohl soviel heißen sollte wie: „Da ist doch jetzt der Thalamus schuld, nicht wahr?"

9

Ein Schurke wird anständig

Die Theorie

Daß der Thalamus eine wichtige Funktion hat, ist nach dem oben Gesagten klar. Er sollte jedoch seine Selektionstätigkeit nur dann ausüben, wenn es für uns positiv, wichtig, vielleicht sogar lebensrettend ist wie im Fall mit der aufgeplatzten Hosennaht (vgl. S. 66). Pfuscht er uns dagegen immer dann ins Handwerk, wenn Unlust, Ärger oder Angst im Spiel sind, so richtet er mehr Schaden als Nutzen an.

Da wir die Programmierung des Thalamus nicht ändern können, müssen wir unsere Lernstrategien ändern. Es wurden im vorhergehenden Abschnitt bereits die Kriterien aufgezählt, die ein Unterricht erfüllen sollte, der die Chancen des Räubers auf leichte Beute drastisch reduziert.

Das ist *ein* Aspekt effektiveren Lernens. Der andere Aspekt hat die Person des Lernenden selbst zum Gegenstand. Wir alle können uns positiv oder negativ auf eine Aufgabe einstellen. Das ist zum einen eine Sache der Reflexion, zum anderen auch eine des bewußten Wollens und der Selbstdisziplin.

Wenn in der Schule die Tatsache, daß Lernen Arbeit ist und Arbeit schön sein kann, immer wieder einmal thematisiert wird, dann fällt es unseren Schülern leichter, eine positive Einstellung zum Lernen zu gewinnen. Damit werden alle Bemühungen effektiver. Eine Viertelstunde mit Freude gelernt zeitigt mehr Erfolg als eine Stunde lustloser Arbeit.

Ich arbeite selbst sehr gerne, und davon spreche ich des öfteren im Unterricht. Wenn ich zu Hause wieder einmal etwas vorbereitet habe, das mich viel Zeit gekostet hat, dann erzähle ich das meinen Schülern, allerdings nicht mit dem Tenor: „Schaut nur, wieviel ich arbeiten muß", sondern mit der Betonung darauf, daß das zwar viel Arbeit gemacht hat, daß ich aber glücklicherweise gerne arbeite. Deshalb habe ich das mit Freude erledigt. So ein Glück, daß ich gerne arbeite!

Wenn wir dann gemeinsam an dem vorbereiteten Unternehmen viel Spaß haben, dann ist es allen unmittelbar einsichtig, wie gut es ist, eine Lehrerin zu haben, für die Arbeit nichts Schlimmes ist. Daraus resultiert auch ein wirkungsvolles Leitbild. Wenn Kinder die Notwendigkeit von Arbeit einsehen und wenn sie Arbeit grundsätzlich akzeptieren wollen, sind sie viel weniger anfällig für Unlust, Langeweile, „Null-Bock"-Mentalität.

Der Räuber Thalamus wird dann in erster Linie mit wirklich wichtigen Dingen beschäftigt sein und nicht harmlosen Fuhrleuten Säcke voller nützlicher Lerninhalte vom Wagen reißen.

Da vielleicht der Satz „So ein Glück, daß ich gerne arbeite" befremdlich angemutet hat, möchte ich dazu noch eine nette Anekdote erzählen, die zeigt, daß auch Kinder den Begriff „Glück" recht eigenwillig interpretieren können. Mit einer zweiten Klasse hatte ich im Herbst Holunderbeeren gesammelt. Wir kochten daraus einen Saft und besprachen, daß dieser Saft ein bewährtes Hausmittel bei Schnupfen und Erkältungen sei. Das Rezept gab ich den Kindern mit.

Das hatte zur Folge, daß am Wochenende einige Mütter in der Wald „gezerrt" wurden, um Holunder zu sammeln und daraus Saft zu kochen. So auch Jürgens Mutter. Am Montag berichtete er mir stolz: „Ich bin gleich am Freitag mit meiner Mama in den Wald. Da haben wir einen ganzen Waschkorb voll Holler gesammelt und daraus Saft gemacht. Und, Fräulein, stell dir vor, so ein Glück: Gestern ist mein Papa krank geworden, und da haben wir den Saft brauchen können!" Soviel zum Thema „Glück".

Die Geschichte

Nachdem die Kinder mit dem Räuber Thalamus Bekanntschaft gemacht haben, können wir um etwas Verständnis für den „Schurken" werben. Es muß ja wirklich ein schreckliches Leben sein, immer nur in der finsteren Höhle darauf zu lauern, ob es nicht etwas zu rauben gibt. (Selbst der Räuber Hotzenplotz hatte eines Tages die Nase voll vom Räuberleben und wurde anständig! (46))

Aber er hat ja nichts anderes gelernt. Vielleicht könnten wir ihm helfen, und er würde dafür unsere Wagenladungen voller Lernstoff in Ruhe lassen. Am besten wäre es, wenn wir es schaffen würden, daß es beim Transport nicht mehr nach Angst oder Langeweile oder Ärger riecht. Wir haben ja schon darüber gesprochen, was wir dafür tun könnten. Die wichtigsten Punkte könnten wir noch einmal sammeln:

– freundliches und geduldiges Umgehen miteinander (Lehrer-Schüler und Schüler-Schüler),
– abwechslungsreiche und sinnvolle Aufgaben,
– Freude an der Arbeit usw.

Wenn die Kinder gerne und ohne Angst lernen, bekommt der Thalamus allerdings nichts mehr zu essen. Aber da soll ihm der Kutscher einfach jedes Mal, wenn er vorbeikommt, eine gute Brotzeit (für Nichtbayern: etwas zu essen) mitbringen. (Natürlich ist das nicht „in echt" so, das wissen wir schon. Wir stellen uns das nur so vor, das gefällt uns eben besser, als den armen Thalamus einfach hungern zu lassen.)

Was glaubt ihr wohl, daß er gern hätte? Weißwürste, Leberkäse, Bier?

(Das gilt natürlich nur für einen bayerischen Räuber. In Norddeutschland liegen die Präferenzen wahrscheinlich etwas anders.)

Ich glaube, daß es dem Thalamus viel besser gefällt, wenn er uns beim Lernen hilft und nur noch bei einer wirklichen Gefahr aus seiner Höhle stürzt und einen Transport aufhält. Ich will dir so einen Fall erzählen:

Stell dir vor, du spielst mit deinen Freunden Räuber und Gendarm. Du bist ein Räuber. Die anderen Räuber sind von den Gendarmen schon alle gefaßt worden. Nur du konntest dich bisher von einem Versteck ins andere retten.

Jetzt allerdings sind dir die Verfolger schon dicht auf den Fersen. Du hörst ihre Stimmen näher kommen, während du auf der Suche nach einem neuen Versteck bist. Bald werden sie dich sehen, dann ist „alles aus".

In diesem Augenblick entdeckst du eine Lücke in einem Gebüsch. Da wirst du hineinkriechen und dich verstecken. Du hast nur den einen Gedanken.

Doch kaum bist du durch die Lücke geschlüpft, spürst du an den Händen einen stechenden Schmerz. Du bist in ein Brennesseldickicht geraten. Nun hast du völlig „vergessen", daß du dich eigentlich verstecken wolltest, denn die Brennesseln tun höllisch weh, und du weißt auch, daß es dich immer tagelang juckt, wenn du dich an ihnen verbrennst. Bevor du überhaupt zum Überlegen kommst, ob du dich lieber verbrennen und wirkungsvoll verstecken oder nicht verbrennen und dafür von den Gendarmen erwischt werden willst, bist du schon aus dem Gebüsch herausgesprungen. Thalamus hat für dich entschieden. Er hat nur den Gedanken an die Brennesseln durchgelassen und dich somit vor tagelangen Beschwerden „gerettet".

Diese Brennesselgeschichte kann den Anreiz bilden, konkrete Situationen zu erfinden, in denen es um wirkliche Gefahren geht. Vielleicht hat jemand auch ein eigenes Erlebnis beizusteuern. Hier kann – eventuell in abgewandelter Form – auch die Geschichte mit der geplatzten Hosennaht erzählt werden.

Resümee des Ganzen ist: Der Thalamus kann nicht nur nützlich, er kann für uns wirklich wertvoll sein. So einen Thalamus hat natürlich jeder gern. Das ist dann kein Räuber mehr, sondern ein höchst anständiger Kerl, so etwas wie ein Wächter oder ein Notarzt oder ein Polizist.

Du kannst dir ja selbst ausdenken, was _dein_ Thalamus sein soll. Hauptsache, er ist kein Räuber mehr!

Hier kannst du ihn sehen, wie er gerade eine nützliche Wagenladung durchläßt. Der Kutscher bringt ihm Bier und etwas zu essen. Du kannst auch die Schilder erkennen, die er für den Notfall schon einmal bereit hält: „Achtung, Auto!", steht da zum Beispiel.

Für die Praxis

Die Konsequenzen, die sich für den Unterricht aus dem Wissen um die Funktion des Thalamus ergeben, wurden schon weiter oben besprochen. An dieser Stelle soll noch einmal darauf hingewiesen werden, wie wichtig es ist, daß die Kinder sich auch bewußt auf die Mühen des Lernens einlassen. Ich halte es für unerläßlich, Lernen als Arbeit zu deklarieren (s. S. 54 f.). Wer etwas anderes behauptet, wird nicht verhindern können, daß die Schüler sehr bald merken, was los ist, und sich dann nur an der Nase herumgeführt vorkommen. So etwas aber kann nicht motivierend sein. Mit der Motivation steht und fällt jedoch unsere Freude an der Arbeit, unsere Begeisterungsfähigkeit und damit auch unsere Streßresistenz. Wer begeistert arbeitet, wird selbst gelegentliche Mißerfolge ganz anders interpretieren als jemand, der schon zögernd und unlustig ans Werk geht.

Wer jedes Problem als persönliche Kränkung oder Seitenhieb des Schicksals auffaßt, kann unmöglich so erfolgreich sein wie jemand, für den Probleme eine Chance sind, sich zu beweisen. „Erfolge sind gelöste Probleme!", sagt Mario Ohoven in seinem Buch *Die Magie des Power-Selling*. (48)

Schüler, die verstehen und akzeptieren, daß es zu einem erheblichen Teil auch an ihnen und ihrer Einstellung zur Arbeit liegt, ob sie Erfolg haben oder nicht, gehen weit besser gerüstet ins Leben hinaus als solche, die immer nur auf Befehl gelernt haben. Die „Einsicht in die Notwendigkeit" ist es, die dem Menschen innere Freiheit gibt. Wenn diese Notwendigkeit auch noch gerne erledigt wird, sind alle Voraussetzungen gegeben, daß Menschen das Beste aus sich und ihren Möglichkeiten machen. Dann haben wir dem Räuber Thalamus zu einer besseren Existenz verholfen, in der er nur noch als „rettender Held" und nicht mehr als finsterer Schurke auftritt.

10

Achtung, schwarze Sheriffs!

Die Theorie

Denken ist Kommunikation innerhalb des Gehirns und zwischen Gehirn und Körper. Die elektrischen Impulse wandern als Depolarisationswellen an einem Axon entlang, führen zur Ausschüttung von Neurotransmittern, die den schmalen synaptischen Spalt zwischen Axon (Ende der Nervenfaser, die den Reiz übermittelt) und Dendrit (Eingangskanal der nächsten Faser) überspringen. Das löst wiederum in der nächsten Nervenzelle und ihren Fortsätzen (Dendriten, Axon) eine Depolarisationswelle aus, so daß sich der Reiz weiter fortpflanzen kann.

Sehr vereinfacht sei das noch einmal dargestellt als Übermittlung eines Nervenimpulses, der einen Muskel veranlaßt, sich zusammenzuziehen (zu kontrahieren).

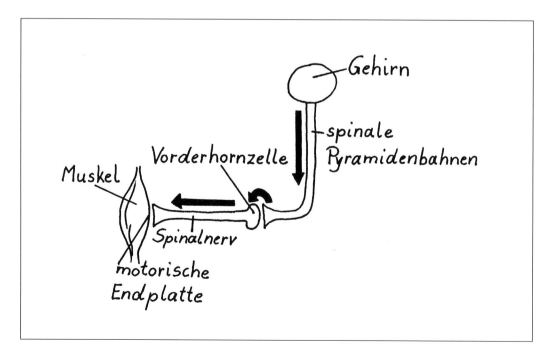

Von den motorischen Zentren in der Großhirnrinde kommt der Befehl zur Kontraktion.(Andere Gehirnbereiche, die an der Bewegungssteuerung mitwirken, vernachlässigen wir hier im Interesse größtmöglicher Deutlichkeit.) Der Reiz wird über die Pyramidenbahnen vom Gehirn abwärts in den Körper geleitet. In einem Zellkern im Rückenmark wird der Befehl weitergegeben an eine Nervenfaser, die direkt am Muskel endet und dort die Kontraktion auslöst.(49)

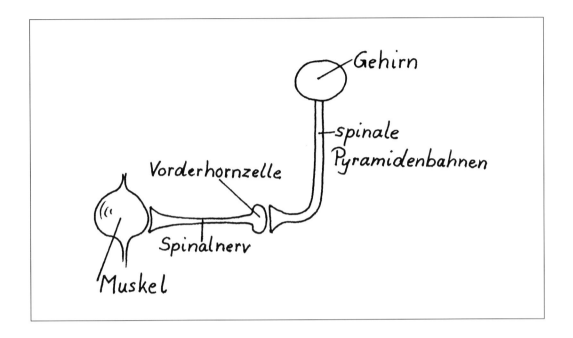

Soweit ist der Vorgang der Informationsübermittlung grundsätzlich schon im Abschnitt über die Postboten besprochen worden (S. 18). Wäre die Sache ganz so einfach, wie sie hier zunächst einmal im Abriß dargestellt wurde, dann müßten wir uns mit diesem Vorgang auch nicht mehr näher befassen.

Wir haben jedoch auch bei der Synapsentransmission – also der Reizweitergabe über den synaptischen Spalt – die Möglichkeit, daß in unserem Nervensystem kontraproduktiv, gegen die eigentlichen Interessen des Gehirnbesitzers, gearbeitet wird. Auch hier handelt es sich, wie beim Räuber Thalamus, um Sicherungssysteme, die wir aus früheren Epochen der Menschheitsgeschichte mitgebracht haben, buchstäblich „aus den Höhlen“, und die wir heute nur noch höchst selten wirklich benötigen.

Es soll an dieser Stelle der Mechanismus näher beleuchtet werden, der auftritt, wenn es an den Synapsen eben nicht zur Übermittlung des Reizes kommt, den wir „eigentlich“ weitergeben wollen: wenn wir also *nicht* klar denken können, uns etwas partout *nicht* merken können, wenn uns etwas einfach *nicht* einfallen will und wir uns in einer bestimmten Situation *nicht* so geschickt und vorteilhaft bewegen oder ausdrücken können, wie uns das vorschweben würde. Beim Räuber Thalamus haben wir gesehen, daß Informationen nicht oder nur fragmentarisch in unserem Gehirn ankommen, wenn sie zugunsten anderer, in den Augen des Thalamus wichtigerer Impulse ausgesondert werden. Wichtig im Sinne von „anderen Informationen vorrangig" ist dabei alles, was „Gefahr" signalisiert.

Das oberste Interesse unseres Systems heißt „Überleben". Aber unsere Überlebensprogramme sind nicht mehr zeitgemäß. Sie eignen sich für Lebensumstände, wie sie in prähistorischen Zeiten herrschten. Angesichts feindlicher Horden oder eines durchs Unterholz brechenden Mammuts ist es sehr nützlich, wenn instinktiv reagiert und nicht lange geplant und nachgedacht wird. Einem Mammut brauchen wir auch nicht in wohlgesetzter Rede darzulegen, warum es uns jetzt besser nicht zertrampeln sollte. Da helfen andere Aktionen: ein gut gezielter Speerwurf oder die rasche Flucht.

Angesichts eines kritischen Kunden, eines schikanierenden Chefs oder eines verständnislosen Lehrers können wir jedoch weder um uns schlagen noch einfach davonlaufen, auch wenn wir beides manchmal vielleicht gerne täten.

Warum aber sind wir in „zivilisierten" Streßsituationen so oft nicht in der Lage, angemessen zu agieren, gleichgültig ob es nun um Selbstbehauptung gegenüber dem Chef oder einem Kunden oder um das Abliefern von Wissen in Unterricht oder Prüfung geht. Was passiert in solchen Situationen in unserem Nervensystem?

Um das zu erfahren, müssen wir den Vorgang der Synapsentransmission noch einmal betrachten. Neurotransmitter sind chemische Botenstoffe. Sie landen auf den Rezeptoren der Nervenzellen. Diese Rezeptoren sitzen an den Dendriten und könnten auch als Landeplätze für die Neurotransmitter bezeichnet werden. Bei den Landeplätzen beginnt es nun kompliziert zu werden. Es kann nämlich nicht jeder Neurotransmitter einfach jeden beliebigen Landeplatz mit Beschlag belegen. Ähnlich wie bei reservierten Firmenparkplätzen gibt es auch auf den Rezeptoren der Nervenzellen so etwas wie „Beschriftungen", wer hier landen darf und wer nicht. Die räumliche Form des Neurotransmitters muß zur Oberfläche der Zellmembran passen wie ein Schlüssel in das Schloß.

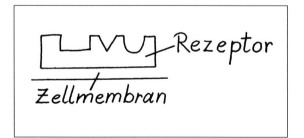

Die schematische Darstellung zeigt es noch einmal genau: Nur einer der drei Neurotransmitter „paßt" auf die Zellmembran des Dendriten.

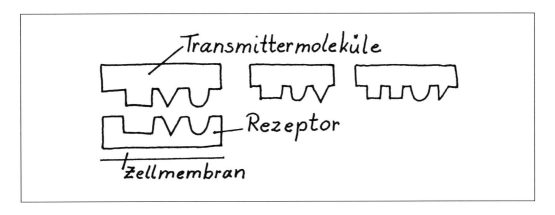

(Die Idee zu dieser Darstellungsweise stammt aus dem Buch von Richard Thompson: *Das Gehirn,* Heidelberg 1990.)

Gehen wir einmal davon aus, daß es sich bei dem ankommenden Neurotransmitter um Acetylcholin handelt, das ist die in unserem Nervensystem am weitesten verbreitete Transmittersubstanz. (50)

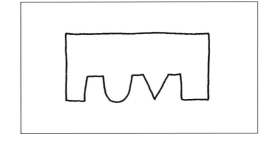

Es tritt im Gehirn als Überträgerstoff auf, paßt aber auch auf Rezeptormoleküle der Skelettmuskelzellen, kann also sowohl Bewegungen als auch Denkprozesse in Gang bringen.

„Feindliche" Neurotransmitter schleichen sich nun auf fremde Parkplätze, indem sie ihre Ähnlichkeit mit dem rechtmäßigen Parkplatzinhaber ausnutzen. Die hemmende Funktion dieser Gegenspieler kommt aber durch die Landung allein noch nicht zustande. Sie hat zu tun mit dem chemischen Prozeß, der nun in Gang gesetzt wird.

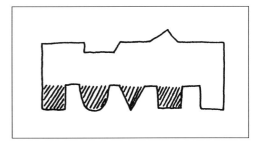

Wir wissen: „Gute" Neurotransmitter bewirken bei ihrer Landung auf dem Dendriten, daß sich Natriumkanäle öffnen. Durch diese Natriumkanäle dringen positiv geladene Natriumionen in das Zellinnere ein und verändern die elektrische Ladung an der Membraninnenseite. Im Ruhezustand beträgt diese Ladung an der Innenseite -70mV. Die positiven Natriumionen verändern nun die negative Ladung in Richtung positiv. Bei einem bestimmten Schwellenwert (circa -60 mV) beginnen die angrenzenden Natriumkanäle, sich zu öffnen. Der elektrische Reiz der Depolarisationswelle kann sich am Axon entlang als Kettenreaktion zu den nächsten Synapsen fortpflanzen. (Vgl. S. 13 ff.) An den aktiven Stellen der Zellmembran erreicht das Aktionspotential Gipfel von +30 bis +40 mV.

Natürlich genügt es nicht, wenn nur ein einziges Rezeptormolekül seine Natriumkanäle öffnet. Es müssen mehrere Rezeptoren aktiviert werden, um den Schwellenwert von -60 mV zu erreichen und ein „Feuern" des Neurons zu veranlassen.

Die „bösen" Neurotransmitter sind wegen ihrer Ähnlichkeit mit den „guten" nun zwar in der Lage, den Parkplatz zu besetzen. Aber ihre Wirkungsweise ist konträr. Sie überqueren den synaptischen Spalt, landen auf dem Rezeptormolekül und bewirken nun gerade *nicht* das Öffnen der Natriumkanäle, durch die die Welle der Depolarisation und damit die Impulsübertragung in Gang gesetzt wird.

Sie öffnen jedoch Chloridkanäle, durch die *negativ* geladene Chloridionen in die Zelle strömen. Dadurch wird das Zellinnere im Verhältnis zum Äußeren noch etwas negativer als im Ruhezustand, zum Beispiel -75 mV. Die Zellmembran ist nun hyperpolarisiert. Es kommt zu keiner Depolarisationswelle, das Neuron bleibt stumm und „feuert" nicht.

(Neben der Cl⁻-Hemmung gäbe es auch die weniger häufige K⁺-Hemmung, die ich hier unberücksichtigt lasse.)

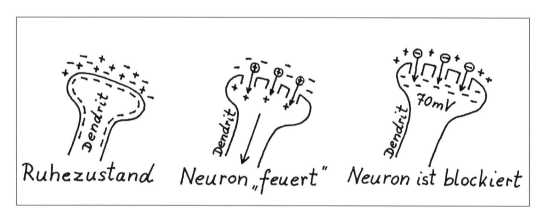

Die konkrete Wirkung einer Hemmung von Nervenimpulsen durch „feindliche" Neurotransmitter kann an der Wirkung verschiedener Arzneistoffe, Rauschmittel und Drogen beobachtet werden. Das tödliche Nervengift Curare beispielsweise paßt genau auf die Rezeptormoleküle an der Muskulatur, die eigentlich für das Acetylcholin vorgesehen sind. Curare besetzt nun die Rezeptoren und bewirkt durch das Öffnen der Chloridkanäle eine Hyperpolarisation der Zellmembran und damit eine Hemmung der Nervenimpulse.

„Selbst kleine Mengen davon führen sofort zur Muskellähmung und folglich zum Tod durch Atemversagen: Die Brust- und Zwerchfellmuskeln hören auf zu arbeiten. Von Curare weiß man, daß es sich mit den ACh-Rezeptormolekülen auf den Skelettmuskelzellen im Körper verbindet. Es aktiviert aber den Rezeptor nicht und folglich auch keine Na^+-Kanäle. Es sitzt gewissermaßen nur da und hindert die ACh-Moleküle, die von den Endigungen der Motoneuronen ausgeschüttet werden, daran, sich an ihre Rezeptormoleküle anzuheften; die Folge ist eine vollständige Lähmung." (51)

Im Falle einer streßbedingten Einschränkung unserer Gehirnfunktionen ist das Ganze zwar weniger dramatisch, läuft aber im Prinzip nach dem gleichen Muster ab. Adrenalin und Noradrenalin werden ausgeschüttet. Hormone können auch als Neurotransmitter fungieren. So ist das Noradrenalin zum Beispiel ein Gegenspieler des Acetylcholins, das nicht nur an Muskelreaktionen, sondern auch an einer Vielzahl von Denk- und Gedächtnisleistungen beteiligt ist. (52)

Antagonisten von Neurotransmittern passen oft noch besser in die Rezeptoren der Neuronen als diese. Deshalb unterbinden sie deren Wirkung auch so gründlich. Sie stoßen die „Guten" buchstäblich von den Rezeptoren, um sich selbst an sie zu binden. (53) Die Tatsache, daß Antagonisten oft noch besser auf den Rezeptor passen als der „eigentliche" Wirkstoff, erklären Ornstein und Thompson (54) mit der „Antagonistenkerbe" auf dem Rezeptor. Neben den Kerben, in die der entsprechende Neurotransmitter, zum Beispiel Acetylcholin, paßt, befindet sich eine weitere Kerbe, die bei der Landung des „guten" Wirkstoffes leer bleibt, die Antagonistenkerbe. Der Antagonist hat nun zwar keine chemische, aber eine architektonische Ähnlichkeit mit dem „Parkplatzinhaber". Das heißt, ein Teil seiner Oberfläche weist die gleiche Struktur auf wie dieser. Darüber hinaus findet sich aber auch noch ein Gegenstück, das genau in die „Antagonistenkerbe" paßt. Wenn also zum Beispiel der „richtige" Neurotransmitter an drei Stellen mit dem Rezeptor „verzapft" ist, verfügt der Antagonist über vier Anschlußstellen.

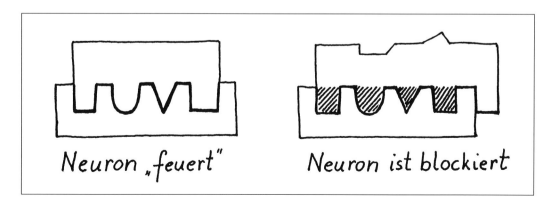

Neuron „feuert"   Neuron ist blockiert

Wichtig scheint mir noch der Hinweis, daß ein Neurotransmitter selbst keine Botschaft überbringt, sondern daß er nur zwei Wirkungsmöglichkeiten hat: Er kann ein Neuron zum „Feuern" bringen, also exzitatorisch wirken, oder er kann das Ausbreiten von Nervenimpulsen verhindern, also inhibitorischer Natur sein. Was dann im einzelnen in unserem Nervensystem passiert, hängt von der Art der Nervenverbindungen ab: So bewirken efferente motorische Verbindungen (vom Gehirn zu den Muskeln verlaufend) zum Beispiel Muskelkontraktionen, wenn „gefeuert" wird, oder Muskelrelaxationen, wenn Impulse gehemmt werden.

Falls wir es uns gestatten, die Zusammenhänge unwissenschaftlich und umgangssprachlich auszudrücken, ist die Sache eigentlich ganz einfach: Jeder Neurotransmitter, der unser Nervensystem aktiviert, hat auch einen Gegenspieler, der Aktivitäten unterdrückt. Die Menge der „guten" oder „schlechten" Botenstoffe bestimmt, ob wir in einem bestimmten Bereich leistungsfähig sind oder nicht. Sind mehr „schlechte" als „gute" Neurotransmitter vorhanden, haben Nervenimpulse keine Chance, sich fortzupflanzen. Landeplätze werden widerrechtlich besetzt, und wenn dann ein Botenstoff ankommt, geht es wie im Märchen vom Wettlauf zwischen dem Hasen und dem Igel: Der Hase erreicht froh das Ziel und meint, er habe es geschafft. Da taucht der Igel (Antagonist) auf und ruft spöttisch: „Ich bin schon da!" Dem enttäuschten „Postboten" bleibt dann nichts anderes übrig, als die Sache aufzugeben. Er kann ja nicht landen.

94

Die Geschichte

Der Räuber Thalamus stürzt sich auf Botschaften, die in das Gehirn, zu Lukas und Rita, unterwegs sind. Das kann sein: etwas, das du hörst oder siehst. Es kann aber auch eine Botschaft von deinem Gleichgewicht oder von deinen Muskeln sein.

Beim Schreiben ist es zum Beispiel sehr wichtig, daß Lukas und Rita immer genau erfahren, was deine Hand gerade macht. Dann können sie entscheiden, ob das richtig oder falsch ist. Auch beim Lesen oder beim Zuhören, wenn dir die Lehrerin eine Aufgabe sagt, ist es wichtig, daß alles richtig im Gehirn ankommt.

Das weißt du ja schon. Und daß es manchmal furchtbar lästig sein kann, wenn der Räuber Thalamus nicht friedlich ist, weißt du auch.

Jetzt gibt es aber noch eine Möglichkeit, wie es geschehen kann, daß dein Gehirn plötzlich schlechter arbeitet als sonst. Die Postboten laufen doch herum und bringen die Post von den einen Neuronen zu den anderen. Sie helfen auch Lukas und Rita bei der Arbeit. Dabei müssen sie oft weite Wege zurücklegen. Wo das Gebiet des einen Neurons aufhört und das eines anderen beginnt, müssen sie über Gräben springen. Nun stell dir einmal vor, du läufst über eine Wiese und kommst plötzlich an einen Bach. Wie kannst du auf die andere Seite gelangen?

Du mußt hinüberspringen, wenn der Bach nicht zu breit dafür ist. Bei Bächen geht das meistens.

Jetzt überleg einmal, wann für dich das Hinüberspringen am einfachsten ist. Wie muß das andere Ufer sein, damit du bequem landen kannst? Am besten wäre eine flache, trockene Wiese oder etwas Ähnliches.

Wie ist es denn, wenn das ganze gegenüberliegende Ufer von einem dichten Gebüsch bewachsen ist oder wenn eine steile Felswand gegenüberliegt?

Dann kannst du auf der anderen Seite nicht landen. So ähnlich ist es in unserem Gehirn, wenn die fleißigen Postboten in ihrer Arbeit behindert werden.

Es kann doch ganz leicht sein, daß du beim Denken plötzlich Streß bekommst: Vielleicht hast du Angst, Fehler zu machen, oder du hast gerade nicht aufgepaßt, und jetzt wirst du aufgerufen und kannst auf einmal gar nicht mehr denken.

Immer, wenn du plötzlich, von einer Sekunde auf die andere, erschrickst oder dich aufregst, dann passieren in deinem Gehirn wieder sehr spannende Dinge.

Neben den Postboten, die dir immer so fleißig bei der Arbeit helfen, gibt es nämlich auch noch andere Kerle. Postboten kann man sie nicht nennen, denn sie bringen nichts: keine Briefe, keine Telegramme und schon gar keine Pakete. Normalerweise liegen die auf der faulen Haut und tun gar nichts. Aber wenn du aufgeregt oder ängstlich wirst, dann spüren sie das wie ein richtiges Kribbeln. Sie <u>müssen</u> einfach aufspringen und losrennen. So etwas kennst du doch sicher auch!

Diese Kerle sind also keine Postboten, sie haben ziemlich schlechte Manieren und meinen, sie könnten Sheriff spielen. Nennen wir sie „die schwarzen Sheriffs". Sie haben es auf deine braven Postboten abgesehen.

Die Postboten bringen Informationen zu verschiedenen Neuronen und an verschiedene Stellen im Gehirn, damit du denken kannst. Die Sheriffs wollen aber gerade <u>verhindern</u>, daß du denkst. Sie finden, du solltest entweder davonrennen oder dich prügeln. Vom Nachdenken halten sie gar nichts.

Sie kommen immer scharenweise. Einer allein würde sich wahrscheinlich nicht trauen. Außerdem verdecken sie noch ihre Gesichter, damit niemand sie erkennt. Sie binden sich Tücher vor und warten, bis deine Postboten kommen.

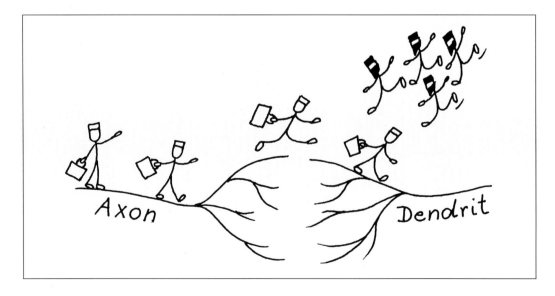

Dann besetzen sie einfach alle Übergänge, an denen die Postboten über einen Spalt springen müßten. Sie sind auch frech und rempeln sie an und schubsen sie wieder auf die andere Seite zurück. Mit einem Schlag kannst du nicht mehr denken, weil in deinem Gehirn keine Postboten mehr unterwegs sind.

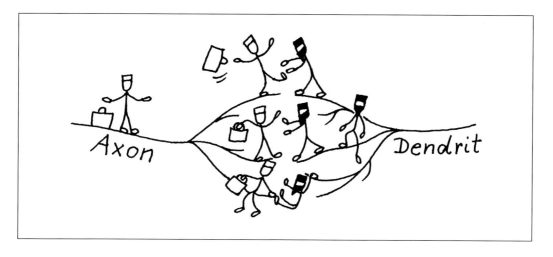

Und wenn du etwas eigentlich noch so gut kannst: Es ist so, als hättest du noch nie was davon gehört.

Das kann einen ganz schön fertigmachen!

Die Postboten stehen da und kommen nicht weiter, und du stehst oder sitzt da und denkst dir: Bin ich auf einmal blöd oder was?

Aber du bist nicht blöd! Man könnte ganz schön wütend auf diese Schufte werden. Behindern die da einfach deine Postboten bei der Arbeit, nur weil sie selber überhaupt nicht denken wollen!

Aber auch bei diesen Rowdys ist es wie beim Räuber Thalamus: Sie sind eigentlich in unser Gehirn gekommen, um nützlich zu sein. Du weißt ja, daß früher die Menschen ganz anders gelebt haben als heute und daß es da viele Gefahren gab, die wir heute gar nicht mehr kennen.

Zum Beispiel in der Steinzeit, bei den Neandertalern. Weißt du etwas davon, wie die gelebt haben?

Sie wohnten in Höhlen, mußten wilde Tiere jagen. Aus dem Fell der Tiere machten sie ihre Kleidung. Sie hatten aber für die Jagd keine Gewehre, sondern ihre Waffen waren sehr einfach: zugespitzte Steine, Wurfspeere mit Steinklingen, Keulen. Sie konnten sich nicht in sicherer Entfernung aufstellen und von dort auf ein Tier schießen. Sie mußten sehr nahe herangehen, und die Jagd war eine Sache auf Leben und Tod.

Wenn nun so ein Steinzeitjäger in eine gefährliche Situation geraten war, dann gab es für ihn eigentlich nur zweierlei, was er tun konnte: kämpfen oder davonrennen.

Stell dir vor, wenn ihm bei der Jagd auf ein Mammut plötzlich sein Speer abbrach! Wie wäre das gewesen, wenn er sich dann ruhig hingesetzt und nachgedacht hätte, was er tun soll?

Er wäre bestimmt totgetrampelt worden! Das Denken wäre für ihn also richtig gefährlich gewesen, lebensgefährlich sogar.

Und da waren die schwarzen Sheriffs genau richtig. Sie spürten, daß der Jäger plötzlich Angst bekam – kein Wunder, wenn er ohne Waffe dastand und vielleicht gerade ein riesiges Mammut auf ihn zu trampelte.

Sie bekamen ihr kribbeliges Gefühl, sprangen auf und ließen auf einen Schlag keine Postboten mehr durch. Denken war für den Steinzeitjäger jetzt unmöglich. Es gab für ihn nur Rennen oder Kämpfen. In diesem Fall wird er sicher gerannt sein, so schnell er nur konnte.

Wenn du dich in der Schule plötzlich aufregst, dann ist das aber etwas ganz anderes als die Aufregung des Steinzeitjägers. Würde es dir helfen, bei einer schwierigen Aufgabe einfach davonzurennen? Sicher nicht!

Für dich ist es besser, wenn du in Ruhe nachdenkst. Das aber kannst du nicht, wenn du Angst hast und aufgeregt bist, denn dann sind die Sheriffs unterwegs und lassen deine Postboten nicht durch.

Jetzt müssen wir also wieder Möglichkeiten finden, daß die Postboten arbeiten können.

Für die Praxis

Die Mechanismen des Thalamus und der „schwarzen Sheriffs" ergänzen einander. Der Thalamus selektiert die Inputs, so daß wir nur noch die Eindrücke wahrnehmen, die mit der „Gefahr" verbunden sind:

– das Auto, das uns zu überfahren droht,

– den Schmerz, der uns Gefahr signalisiert,

– die Bedrohung, die von Personen auszugehen scheint usw.

Angesichts dieser Gefahr – sei sie nun wirklich vorhanden oder „nur" in Form von emotionalem Streß – sind wir nicht mehr in der Lage, auditive, visuelle oder propriozeptive Eindrücke in vollem Umfang wahrzunehmen. Soweit der Thalamus.

Die „schwarzen Sheriffs" hingegen blockieren die Verarbeitung grundsätzlich vorhandener Reize: logisches Denken, ruhiges Planen, Abrufen bekannter Fakten werden erschwert oder sind momentan gar nicht mehr möglich.

Bei einem ökonomischen Umgang mit den Thalamusfunktionen geht es darum, die Lernumgebung und die subjektive Einstellung zum Lernen langfristig so zu gestalten, daß möglichst viel an Information, Eindrücken und Sinneswahrnehmungen ungehindert von unseren Schülern aufgenommen wird.

Es geht aber auch darum, in Mikrosituationen so zu agieren, daß Schüler ihr Gesicht wahren können, nicht bloßgestellt werden, Ermutigung erfahren.

Alle diese Maßnahmen tragen selbstverständlich dazu bei, daß akute Situationen, in denen Streßhormone ausgeschüttet und die „schwarzen Sheriffs" aktiv werden, seltener auftreten.

Wenn es aber dennoch vorkommt, daß ein Schüler Streß empfindet, der „Denkblockaden" (55) verursacht, ist nicht mehr Prävention, sondern Re-Aktion gefragt. Hier kann alles hilfreich sein, was bereits im Abschnitt über die „Neuronenbremse" (S. 60 ff.) empfohlen wurde:

– beruhigende Lehrerstimme

– einige tiefe Atemzüge

– eine konzentrierende Körperhaltung und

– das Wissen darüber, was in unserem Nervensystem bei Blackouts passiert.

Etwas muß uns bewußt sein: Bei akutem Streß wird unser Körper mit Streßhormonen geradezu „überschwemmt". Um die chemische Balance schneller wiederherzustellen, kann es deshalb auch sehr sinnvoll sein, durch Bewegung den Abbau dieser Streßhormone zu beschleunigen.

In Fällen, wie sie in unseren genetischen Programmen eigentlich vorgesehen sind (Stichwort: Mammutjagd), müßten wir uns durch Kampf oder Flucht retten. Wir würden somit nicht nur die Streßhormone abbauen, sondern auch den erhöhten Zuckerspiegel, der durch Mobilisierung von Reserven gebildet wurde, um unsere Muskulatur auf ihren Sondereinsatz vorzubereiten.

Ein Waldlauf, eine halbe Stunde Holzhacken oder irgendeine andere schweißtreibende Tätigkeit wären probate Mittel, um unser Gleichgewicht wiederherzustellen. Da das leider nur in den seltensten Fällen möglich sein wird, müssen wir nach anderen Möglichkeiten suchen.

Lehrer, die sich mit den neurologischen Hintergründen von Lernen beschäftigen, schärfen dadurch ihren Blick für das, was in der Klasse oder in einzelnen Schülern vorgeht. Sie werden spüren, wenn der Streßpegel in der Klasse ansteigt. Das kann zum Beispiel der Fall sein, wenn etwas Neues durchgenommen wird oder wenn eine Probearbeit geschrieben werden soll. Ich habe sehr gute Erfahrungen damit gemacht, in so einem Fall eine kurze Sequenz schwungvoller, intensiver Gymnastik einzusetzen und dann weiterzuarbeiten.

Eine besonders sinnvolle Kombination für akute Streßsituationen ist die Verbindung von intensiver Bewegung mit einer nachfolgenden konzentrativen Übung, wie zum Beispiel einer Körperhaltung aus dem Yoga, einer kurzen Entspannungsübung, der Cook-Übung oder etwas Vergleichbarem.

Es kann übrigens auch durchaus angebracht sein, eine *allgemeine* Bewegungs- und Entspannungsphase dann einzusetzen, wenn „nur" ein einzelner Schüler ein akutes Streßproblem hat. In der Lerngruppe Klasse ist es wie auf einem Schiff: Alle sind voneinander abhängig. Darum finde ich es auch durchaus in Ordnung, wenn einmal **alle** etwas machen vor dem gedanklichen Hintergrund, daß das besonders **für einen** Schüler von Nutzen ist. Das ist eine Möglichkeit, soziale Verantwortung und Kameradschaftlichkeit so ganz nebenbei und ohne erhobenen Zeigefinger zum Thema zu machen.

In unserer Klasse gilt die Devise: ***Am wichtigsten ist immer derjenige, der gerade ein Problem hat.*** Um ihn kümmern wir uns vorrangig.

11

Wir bringen den faulen Willi auf Trab

Die Theorie

Die Leistungen des Innenohrs spielen eine zentrale Rolle das für schulische Lernen. Wir müssen dabei zwei Teilbereiche unterscheiden:

– das Hören als Aufnehmen, Weiterleiten und Auswerten von Geräuschen;

– die Mitarbeit an der Aufrechterhaltung unseres Körpergleichgewichts, der Regulierung unseres Muskeltonus und an der Ausführung zielgerichteter Bewegungen.

In seiner ersten Funktion als Hörorgan leitet das Ohr Schallwellen zur Schnek-ke im Innenohr (S. 9), die von dort über den Cochlearisteil des VIII. Hirnnervs an den auditiven Kortex übermittelt werden.

Das Gleichgewichtsorgan des Innenohrs besteht aus drei Bogengängen, die sich an einem Ende jeweils zu einer Ampulle erweitern, und zwei Membran-blasen, Sacculus und Utriculus. Der Utriculus ist mit den Bogengängen ver-bunden. Der Sacculus liegt zwischen Schnecke und Utriculus.

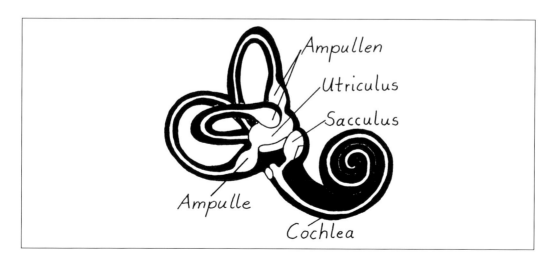

Alle Bestandteile dieses „Vestibularapparates" dienen dem Registrieren von Beschleunigung und Lageveränderung und somit der Orientierung im Raum. Sacculus und Utriculus enthalten auf ihren Sinneszellen eine gallertige Membran mit kleinen „Steinchen", den Statolithen. (Diese „Steinchen" sind Partikel aus Kalziumkarbonat.) Bei linearer Beschleunigung, wie zum Beispiel beim Anfahren oder Abbremsen eines Autos, verändert sich die Lage der „Steinchen". Auch die Gallertmembran nimmt diese Veränderung auf und gibt sie an die Sinneszellen weiter. Das gleiche passiert, wenn wir unseren Kopf nach vorn, zurück, seitlich oder nach unten neigen.

Die Sinneszellen melden dann: „Es wird gebremst" oder: „Es wird beschleunigt" oder: „Kopf neigt sich nach unten" usw.

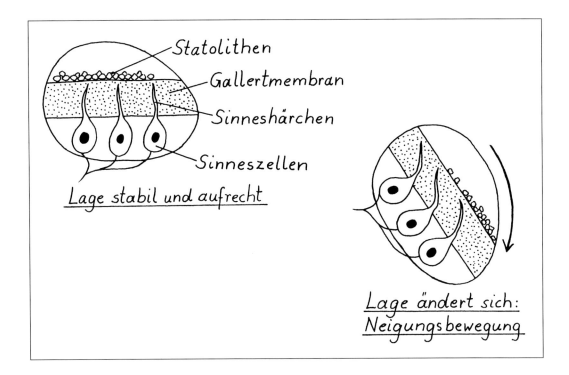

Statolithen
Gallertmembran
Sinneshärchen
Sinneszellen
Lage stabil und aufrecht

Lage ändert sich:
Neigungsbewegung

Die drei Bogengänge stehen senkrecht aufeinander. Ihre Aufgabe ist das Registrieren von Drehbeschleunigungen. Sie sind mit einer Flüssigkeit gefüllt, der Endolymphe. Diese „schwappt" bei Drehungen hin und her wie die Flüssigkeit in einem Glas, das wir schwenken. Dieses „Schwappen" der Endolymphe hat dieselbe Funktion wie die Lageveränderung der Statolithen in Sacculus und Utriculus. In den Ampullen am Ende der Bogengänge befinden sich nämlich ebenfalls Sinneszellen, die mit ihren Enden in eine gallertige Substanz hineinragen. Die Bewegung der Endolymphe wirkt nun auf diese Substanz – es ist ein Gallertzapfen, die „Cupula" – ein, so daß sie sich in die eine oder andere Richtung biegt und die Sinneshärchen mit ihr.

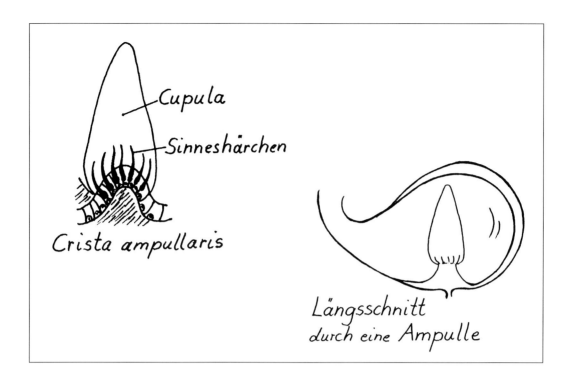

Die Impulse, die aus dem Gleichgewichtsorgan kommen, gehen über den zweiten Teil des VIII. Hirnnervs, die Radix vestibularis, an Nervenkerne in der Medulla oblongata im Hirnstamm. Von dort gibt es Verbindungen zur Skelettmuskulatur, zum Kleinhirn und – über den Thalamus – zur Großhirnrinde, um nur die wichtigsten zu nennen.

So ist das Innenohr nicht nur an der Aufrechterhaltung des Gleichgewichts im engeren Sinn beteiligt, sondern es wirkt entscheidend mit an der Eigenwahrnehmung, an Registrierung, Steuerung und Koordinierung von Bewegungen. Es spielt auch eine entscheidende Rolle für die Fähigkeit, Gegenstände, die sich bewegen, mit den Augen zu fixieren oder den Fokus unserer Augen auf einem ruhenden Gegenstand zu belassen, während wir selbst uns bewegen. (56)

Daß unsere Schüler fast mit jedem Jahrgang stärkere Wahrnehmungsdefizite im auditiven Bereich aufweisen, beklagen heute viele Lehrer. Dabei wird das Hauptaugenmerk fast immer nur auf das Hören gerichtet. Daß in Verbindung damit aber auch andere Funktionen des Ohrs immer weniger gut entwickelt sind, wird kaum erwähnt. Es ist unbestritten äußerst lästig, wenn Schüler nicht hören, was ihnen gesagt wird. Aber das allein ist nur die Spitze des Eisbergs.

Viel wichtiger für erfolgreiches schulisches Lernen sind jene Leistungen des Innenohrs, deren Vorhandensein oder Fehlen uns nicht sofort und unmittelbar, sondern meist erst in Verbindung mit anderen Defiziten auffällt.

Nehmen wir einmal den Bereich der Eigenwahrnehmung. Sie ist bei vielen Kindern massiv gestört. Aufgebaut sollte sie in den ersten Lebensjahren dadurch werden, daß Kinder vielfältige aktive und passive Bewegungserfahrungen machen. Alfred Tomatis, der französische Hals-Nasen-Ohren-Arzt und Begründer der Audio-Psycho-Phonologie, schreibt frühen rhythmischen Erfahrungen eine wichtige Rolle bei der Entstehung eines Körperschemas zu. (57)

Das Körperschema wiederum, also das Wissen um die Teile des eigenen Körpers und die Orientierung an diesem, bildet eine wichtige Voraussetzung für räumliche Orientierung. Und diese ist notwendig für mathematisches Denken.

Rhythmus wirkt auf das Innenohr. Rhythmische Grunderfahrungen in Form von Fingerspielen und Kniereiterliedchen waren für kleine Kinder früherer Generationen selbstverständlich, während sie heute einfach nicht mehr „in" sind, zumindest in den meisten Familien. (58)

Bereits an diesem Beispiel ist zu sehen: Wichtige Voraussetzungen für erfolgreiches Lernen hängen von einem gut funktionierenden Innenohr ab. Stichpunktartig sei noch auf einige weitere Leistungen dieses Organs hingewiesen:

• Um entspannt auf einem Stuhl sitzen zu können, darf die Aufrechterhaltung des Gleichgewichts keine Mühe machen. Das Balancieren unseres Körpers auf dem Stuhl muß automatisch erfolgen, damit wir uns voll auf geistiges Arbeiten konzentrieren können. Das ist nur möglich, wenn Sitzen nicht zu einem Kraftakt wird, der einen Großteil unserer Energie vereinnahmt.

• Die Eigenwahrnehmung muß so differenziert sein, daß den Kindern auch kleine Bewegungen zuverlässig bewußt werden. So müßten sie ohne weiteres in der Lage sein, „blind" zu schreiben.

• Das eigentliche Hörorgan im Innenohr, die Schnecke, muß so differenziert wahrnehmen, daß Wörter in ihre phonetischen Bestandteile zerlegt werden können. Dann können bereits von Erstkläßlern Geschichten in freier Schreibweise, aber phonetisch richtig, zu Papier gebracht werden. Über diese akustische Diskriminierungsfähigkeit läuft auch eine wichtige Kontrollfunktion beim Schreiben: Wenn statt „Hunde" geschrieben wird „Hude", bringt das nochmalige innere Lesen den Fehler an den Tag, falls das Kind grundsätzlich in der Lage ist, Wörter nach phonetischen Bestandteilen „abzuklopfen".

• Die auditive Feedbackschleife sorgt beim Lesenlernen dafür, daß der Sinn des Gelesenen verstanden wird. Dabei erfolgt das Feedback zunächst über lautes Lesen, dann über leises Mitlesen, dann über Subvokalisieren und zum Schluß über das innere Hören des Gelesenen.

Die zentrale Rolle des Innenohrs sollte unbedingt stärker beachtet werden. Das wird bereits aus dem bisher Gesagten deutlich. Wie wichtig es aber ist, hier ganz konkret zu fördern, wird im vollen Umfang erst offenbar, wenn wir den Zusammenhang zwischen Innenohr und Augen betrachten.

In unserem Körper arbeiten Stützmotorik und Zielmotorik zusammen, um bewußte Bewegungen zu ermöglichen. Die Stützmotorik dient der „Aufrechterhaltung bzw. Wiederherstellung einer balancierten Körperstellung, Kopfhaltung und koordinierten Augenstellung". (59) Die Zielmotorik ist für Fortbewegung und jegliche Art gesteuerter und integrierter Bewegung zuständig.

Um Körperhaltung und Bewegungen kontrollieren zu können, müssen im Gehirn ständig Meldungen über die momentane Lage eintreffen und ausgewertet werden. Danach richten sich dann die neuen Kommandos, die über verschiedene „Sendestationen" an die Muskulatur gehen.

Drei Wahrnehmungssysteme müssen für das Registrieren des Ist-Zustandes zusammenarbeiten:
− die Eigenwahrnehmung oder Propriozeption,
− der Vestibularapparat und
− die visuelle Wahrnehmung.

Von diesen drei Systemen ist die visuelle Wahrnehmung am wenigsten wichtig. Das können wir leicht selbst überprüfen: Wenn die anderen beiden Systeme intakt sind, können wir ohne weiteres unser Gleichgewicht *selbst mit geschlossenen Augen* halten; wir spüren auch, welche Stellung unser Körper gerade einnimmt, welchen Körperteil wir in welche Richtung bewegen, wohin unsere Hand zeigt usw.

Sind nun der Vestibularapparat oder die Propriozeption in ihrer Leistungsfähigkeit eingeschränkt, müssen die Augen einen Teil der Kontroll- und Rückmeldearbeit dieser beiden Systeme übernehmen. Wie wichtig für die meisten Kinder dieses Einspringen des visuellen Systems ist, sehen wir daran, daß nur wenige von ihnen auf Anhieb in der Lage sind, mit geschlossenen Augen auf einem Bein zu stehen, dabei vielleicht sogar noch den Kopf zur Seite zu drehen oder die Arme nach oben zu strecken.

Die Augen müssen in solch einem Fall „Überstunden" machen. Gerade sie werden aber beim Lernen dauernd beansprucht: Sie müssen für die Tätigkeiten des Lesens und Schreibens sehr genau fokussieren können. Das allein ist bereits eine Leistung, die manche Augen bis an die Grenze der Belastbarkeit beansprucht, um so mehr, als die Schrift bereits in den Schulbüchern der ersten Klasse nach einigen wenigen „augenfreundlichen" Anfangskapiteln schon bald unvernünftig und unphysiologisch klein wird.

Das Fokussieren solche kleiner Buchstaben ist jedoch eine rein physiologische Leistung, die mit zunehmender Reifung des Nervensystems leichter fällt. Sie hat mit Schon- oder Nicht-lesen-Können nichts zu tun.

Das Auge hätte also mit seiner eigenen Arbeit genügend zu tun und muß nun auch noch für ein schlecht funktionierendes Vestibularsystem einspringen.

Kein Wunder, daß wir gerade bei lernschwachen Kindern so oft Einschränkungen der visuellen Wahrnehmung feststellen.

Über diese Zusammenhänge habe ich sehr ausführlich an anderer Stelle berichtet. (60) Ich bin dabei zu Schlußfolgerungen gekommen, die zwar nicht „wissenschaftlich" bewiesen sind, die ich aber in zweierlei Hinsicht für zulässig halte: Sie sind logisch schlüssig, und sie decken sich mit den Beobachtungen, die ich an vielen Kindern in der täglichen Unterrichtspraxis machte.

„Erste Schlußfolgerung:

Wenn das visuelle System ein Mehr an Leistung zum Aufrechterhalten des Gleichgewichts und als Ersatz für fehlende Propriozeption leisten muß, wird das wahrscheinlich ein Weniger an Leistung im Bereich der visuellen Wahrnehmung im engeren (und lernbezogenen) Sinn zur Folge haben.

Zweite Schlußfolgerung:

Wenn Eigenwahrnehmung und Vestibularsystem gefördert und in ihrer spezifischen Leistung verbessert werden, bedeutet das eine Entlastung des visuellen Systems und könnte so zu einer Verbesserung von visueller Vorstellung und Erinnerung führen." (61)

Aus dem Gesagten ergibt sich die Notwendigkeit einer gezielten Förderung des Innenohrs, seiner vestibulären, aber auch seiner rhythmischen und musikalischen Kompetenz.

Die Geschichte

Eine „Gehirnfigur", die bei den Kindern besonders gut ankommt, ist der faule Willi. Er wohnt im Innenohr und ist für alle seine Funktionen zuständig: für Gleichgewicht, Raumorientierung, Meldungen aus dem Rückenmark über den Muskeltonus im Körper, genaues Hören.

Wie ich den Kindern diesen faulen Willi vorstelle, das zeigen die folgenden Seiten.

Wie sein Name schon sagt, ist der faule Willi entsetzlich faul. Er müßte eigentlich dafür sorgen, daß unser Körper immer richtig im Gleichgewicht ist und daß wir uns schön und kraftvoll und rhythmisch bewegen können.

Dazu müßte er fleißig an der Telefonanlage sitzen. Es kommen nämlich aus den Muskeln im Körper pausenlos Meldungen darüber, was gerade los ist. Diese Meldungen müßte er weitergeben, damit im Gehirn dann für den richtigen Ausgleich gesorgt wird. Wenn wir zum Beispiel auf dem Stuhl zu weit seitlich rutschen, noch ein Stück und noch ein Stück ..., was wird dann passieren?

Wir fallen runter, genau!

Der faule Willi bekommt aber von den Muskeln und aus den Gleichgewichtsleitungen im Innenohr die Meldung: Achtung, rutsch besser wieder nach der anderen Seite. Nur, der faule Willi geht einfach nicht ans Telefon, jetzt kommt die Meldung bei ihm natürlich nicht an.

Und jetzt schau dir einmal den Willi an:

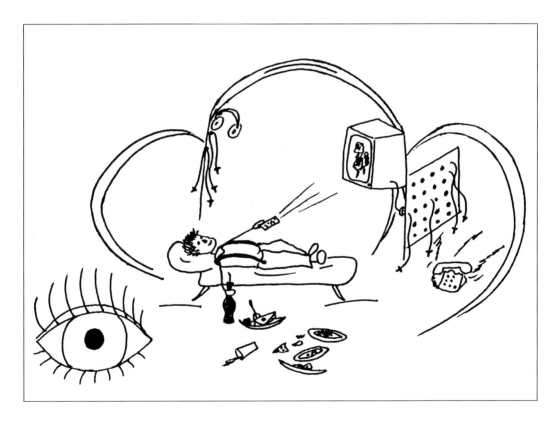

Da liegt er faul auf dem Sofa, schaut den ganzen Tag fern, trinkt Cola und ißt Kartoffelchips. Seine Eßsachen hat er neben sich ganz schlampig auf dem Boden herumliegen. In der Hand hält er eine Flasche. Sein Telefon klingelt, aber er ist *einfach zu faul, um den Hörer abzunehmen. Aus der Telefonanlage hängen die Stöpsel heraus, und er tut nichts.*

Dreimal darfst du raten, wer die Arbeit macht, die eigentlich der faule Willi tun müßte: Die Augen! Wenn du nämlich zu weit nach der Seite gerutscht bist, dann merken die das und melden deinem Gehirn: „Achtung, gleich fällst du um!" Du siehst auf dem Bild das offene Auge, das soll bedeuten: Die Augen helfen mit.

Der faule Willi sollte aber noch viel mehr tun, als sich nur um das Gleichgewicht kümmern. Er sollte dem Gehirn alles melden, was er über die Muskeln in deinem Körper erfährt.

Heb einmal deine Hand hoch, ja, genau so, schräg nach vorne. Jetzt dreh sie so, daß die Innenseite zu dir schaut. Gut. Woher weißt du jetzt, daß du deine Hand genau in dieser Stellung hoch hältst?

Du siehst es. Aber brauchst du dazu die Augen, oder könntest du es auch ohne Augen feststellen? Mach sie einmal zu. Spürst du, wo deine Hand ist?

Und nun laß die Augen zu und mach eine Faust. Spürst du das? Öffne die Faust wieder und spreize die Finger. Auch das spürst du, ohne hinzuschauen.

Du kannst die Augen wieder aufmachen. Wer hat jetzt gearbeitet, als deine Augen geschlossen waren? Der faule Willi!

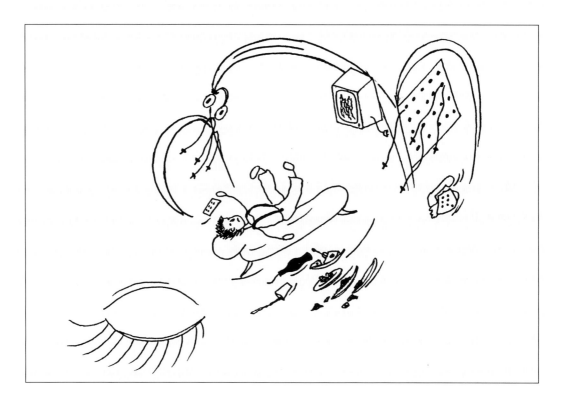

Den lassen wir gleich noch viel mehr schuften. Steht einmal alle auf. Stellt euch auf ein Bein. Wer sorgt dafür, daß ihr das Gleichgewicht halten könnt? Die Augen, jawohl!

Und jetzt paß ganz gut auf, was passiert, wenn du die Augen zumachst. Du spürst, daß es viel, viel schwerer ist, jetzt gerade stehen zu bleiben, nicht wahr? Du kannst die Augen wieder öffnen und dich setzen.

Auf dem Bild (Seite 108 unten) siehst du, wie es dem faulen Willi geht, wenn die Augen einmal <u>nicht</u> seine Arbeit machen. Dann wird es ihm auf seiner Couch ganz schön ungemütlich. Alles schwankt, und er fällt fast herunter. Da kannst du ihm Beine machen, das hat er nämlich gar nicht gerne.

Wenn es für ihn so ungemütlich wird, dann steht er lieber auf und kümmert sich darum, daß alles stimmt.

Du mußt ihn nur oft genug von seinem Sofa aufscheuchen, dann wird er eines Tages noch ganz ordentlich und kümmert sich um seine Aufgaben, und das ist für dich sehr wichtig!

Schau ihn dir an, wie fleißig er sein kann! (Bild auf dieser Seite unten) Hier hat er sein Zimmer schön aufgeräumt. Ganz ordentlich steht das Geschirr da. Der Willi hat den Kopfhörer auf. Er kümmert sich um die Leitungen, stellt Verbindungen her und nimmt auch den Telefonhörer ab, wenn's klingelt.

Wenn der Willi fleißig ist, dann kannst du vieles, was sonst für dich sehr schwer ist. Ich will es dir aufzählen:

- *Du kannst dein Gleichgewicht viel besser halten. Du fällst nicht von deinem Stuhl. Ihr wißt ja, daß das gelegentlich einem Kind passiert.*

- *Du kannst ruhig sitzen und mußt nicht immer hin und her schaukeln. Dafür brauchst du nämlich ein sehr gutes Gleichgewicht.*

- *Du kannst auch mit geschlossenen Augen durch das Zimmer gehen und weißt ungefähr, wo du bist.*

- *Du kannst dich langsam bewegen, denn dafür brauchst du ein sehr gutes Gleichgewicht. Und du kannst Wörter auch mit verbundenen Augen schreiben. Du spürst dann nämlich, welche Formen du schreibst, auch ohne daß du es siehst. Natürlich kannst du nicht in die Zeilen schreiben, aber du spürst die Formen. Das hilft dir sehr beim Schreiben, wenn deine Hand alles fühlt und sich merkt, wie Wörter und Buchstaben gehen.*

- *Du kannst besser singen, tanzen und auf den Musikinstrumenten spielen.*

Ich finde, es lohnt sich wirklich, dem Willi Beine zu machen und ihn von seinem Sofa herunterzujagen!

Für die Praxis

Aus vielen Gründen lohnt es sich, täglich an einer Verbesserung des Vestibularsystems und des Gehörs zu arbeiten. Auch wenn es sicher nicht möglich ist, Kausalitäten zu behaupten wie: „Wenn das Gleichgewichtssystem gut funktioniert, dann ...", so gibt mir doch das Zusammentreffen verschiedener Defizite, das ich so häufig in der Unterrichtspraxis beobachte, zu denken.

Auf Anhieb fällt mir Markus ein. Er ist vielseitig interessiert und intelligent, kann aber lediglich einen Bruchteil seiner Möglichkeiten verwirklichen. Seine Mutter bezeichnet ihn als äußerst schwierig. Auch vor dem Hintergrund meiner Erfahrungen ist er das, was ich eine Herausforderung, einen ausgesprochen „harten Brocken", nennen würde.

Inzwischen hat sich zwar einiges zu seinen Gunsten verändert. Ich beschreibe ihn aber erst einmal so, wie ich ihn kennenlernte. Er konnte aus seiner guten Begabung relativ wenig machen, weil er ...

– Erklärungen nur selten hörte,

– die meisten Arbeitsanweisungen nicht mitbekam,

– seine Hefte sehr unübersichtlich führte,

– sehr lange brauchte, bis er für eine Arbeit seine Sachen hergerichtet hatte,

– größte Mühe mit dem Schreiben hatte,

– sich Wortbilder nicht merken konnte und am liebsten alles millimeterweise abmalte,

– beim Rechnen viele sogenannte „Flüchtigkeitsfehler" machte,

– auf einem Arbeitsblatt nicht sah, wann ein Wechsel der Aufgabenstellung erfolgte, usw.

Betrachte ich dazu seine nicht im engeren Sinn leistungsspezifischen Defizite, so ergibt sich folgendes Spektrum:

Sehr schwer fällt es ihm ...

– aufrecht zu stehen, ohne sich anzulehnen,

– auf einem Bein zu stehen, selbst mit offenen Augen,

– mit kraftvollen Schritten zu gehen und dabei über die Fußsohle abzurollen,

– laut und deutlich zu sprechen,

– betont zu sprechen (er flüstert nur monoton),

– hörbar zu singen,

– sich rhythmisch zu bewegen (ob Gehen, Stampfen oder Klatschen),

– ruhig zu sitzen,

– seinen Kopf aufrecht zu halten, ohne ihn dauernd mit der Hand zu stützen.

Auffallend ist an Markus außerdem noch, daß er ...

– sehr schnell aus dem Gleichgewicht gebracht ist, wenn er zum Beispiel etwas nicht kann. Dann zieht er sich völlig zurück und stellt die Kommunikation ein.

– jegliche gezielte Bewegung als fast unerträglich anstrengend empfindet.

– sehr schnell ermüdet, wenn wir wandern.

– keine fließenden Bewegungen ausführen kann. Er hampelt oder tobt.

– keine „normale" Stimmlage zur Verfügung hat. Wenn er Kindern etwas erzählt, tut er das mit sehr hoher, überlauter Stimme.

Bei Kindern, die so gravierend beeinträchtigt sind wie Markus, ist tägliches und konsequentes Training der einzige Weg, mit dem man Aussicht auf Erfolg hat. Die Liste seiner Defizite läßt erkennen, daß gerade für ihn all die Übungen besonders nützlich sein müßten, die mit Rhythmus, Stimme und Gleichgewicht zu tun haben.

Gleichgewicht ist ja nicht nur ein körperlicher, sondern auch ein seelischer Zustand. Wer in seiner Mitte ist, wird auch seelisch stabiler sein als jemand, der immer außer sich ist. Bei Markus zeigt sich die fehlende Stabilität sehr deutlich. Viele seiner Symptome finden sich an anderen Kindern ebenfalls, wenn auch selten derart gehäuft wie bei ihm.

Bei unseren „modernen" Schülern ist es sicher besonders wichtig, vestibuläre, rhythmische und musikalische Fähigkeiten gezielt zu fördern. Möglichkeiten für die verschiedenen Bereiche gibt es viele:

Für das Vestibularsystem:

Alles, was mit geschlossenen Augen gemacht wird:

• blind stehen auf einem Bein, dazu verschiedene Bewegungen,

• blind im Raum herumgehen,

• blind den Kopf in verschiedene Richtungen neigen,

• blind schreiben,

• blind den Kopf nach unten hängen lassen, mit dem Oberkörper hin und her schwingen

• Yogaübungen, die das Gleichgewichtssystem herausfordern (62)

• Ohrenmassage (63)

Für rhythmische und musikalische Erziehung:

• Rhythmen klatschen oder stampfen (64)

• freie Tanzübungen (65) und vorgegebene Tänze (66)

• Stimm- und Atemübungen (67)

• tägliches Singen.

12

Trampelpfade im Gehirn

Die Theorie

Unsere Fähigkeiten entstehen aus dem Lernen von Neuem, das wir mit der Summe unserer Erfahrungen mehr oder weniger geschickt verbinden und dann in den Gedächtnissystemen unseres Gehirns abspeichern. Jeglicher Kompetenzzuwachs ist Lernen, ob das nun eine Bewegungsfolge, eine bestimmte Art, das Haar zu frisieren, ein bisher unbekanntes Fremdwort oder das Kennenlernen einer neuen Einkaufsquelle betrifft.

Manches begegnet uns, interessiert uns vielleicht auch momentan, wandert aber nicht in unseren Gedächtnisschatz. So kann es sein, daß wir auf der Straße jemanden mit einem sehr auffallenden Hund gehen sehen. Wir werden ihn bewußt wahrnehmen, ihm vielleicht sogar nachschauen und dann höchstwahrscheinlich schnell vergessen. Anders sieht es schon aus, wenn uns am Abend unsere Freundin besucht, um uns ihre Neuerwerbung, einen sehr auffallenden Hund, vielleicht einen russischen Barsoi oder einen Irish Wolfshound, vorzustellen. Möglicherweise fällt uns dann der Hund, den wir heute auf der Straße gesehen haben, wieder ein. Mit ziemlicher Sicherheit wird das der Fall sein, wenn es sich beide Male um die gleiche Rasse handelt.

Was in unserem Gehirn vorgeht, wenn Ereignisse, Daten, Zusammenhänge, Bilder oder motorische Abläufe dauerhaft gespeichert werden, ist noch nicht genau entschlüsselt. Es sind zwar Einzelheiten bekannt, und es gibt auch schlüssige Erklärungsmodelle. Aber es ist noch nicht möglich, den Weg einer Information von ihrer Ersteingabe in das System über verschiedene Wiederholungen bis zum endgültigen Speichern und Wieder-abrufen-Können zu belegen. (68)

Der Neurologe Karl Lashley widmete einen Großteil seiner Forschungstätigkeit der Suche nach Spuren des Langzeitgedächtnisses (Engrammen) im Gehirn. Gegen Ende seiner Laufbahn – im Jahre 1950 – äußerte er:

> „Diese Untersuchungsreihe hat eine Menge von Informationen darüber geliefert, was und wo Gedächtnis nicht ist. Es ist ihr nicht gelungen, irgend etwas unmittelbar über die wahre Natur des Engramms

zu entdecken. Wenn ich mir die Befunde bezüglich der Lokalisation der Gedächtnisspur nochmals vor Augen führe, habe ich manchmal das Gefühl, man müsse daraus schließen, daß Lernen einfach nicht möglich sei. Es ist schwierig, sich einen Mechanismus vorzustellen, der die hierfür erforderlichen Bedingungen erfüllt. Nichtsdestoweniger, auch wenn die Befunde dagegen sprechen, kommt Lernen gelegentlich vor." (69)

Diese Äußerung Karl Lashleys ist auch heute noch aktuell. Doch wenn auch die Mechanismen für Langzeiterinnerungen noch nicht bekannt sind, wissen wir immerhin, daß einige Gehirnareale sehr wichtig sind für das Speichern von Eindrücken. Eine herausragende Rolle spielt dabei der Hippocampus, eine Region auf der Innenseite des mittleren Schläfenlappens, die tief im Gehirn liegt.

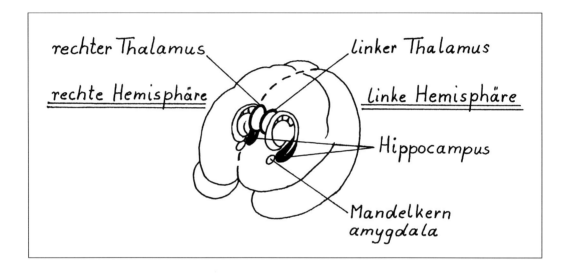

Zahlreiche Untersuchungen an Hirnverletzten weisen darauf hin, daß ohne Hippocampus Gedächtnisleistungen nicht möglich sind. Am deutlichsten zeigte sich das an dem in der Fachliteratur häufig zitierten Fallbeispiel von H.M., einem jungen Mann, dem wegen schwerer und unheilbarer Epilepsie der Hippocampus auf beiden Seiten entfernt wurde. Von da an besaß H.M. kein Kurzzeitgedächtnis mehr und konnte nur allerkürzeste Zeitspannen von weniger als einer Minute in seinem Bewußtsein behalten. Was darüber hinausging, verschwand aus seinem Kopf, als wäre es nie gewesen. Er war ab dem Zeitpunkt seiner Operation nicht mehr in der Lage, Neues dazuzulernen. Die Erinnerung an Ereignisse, die bis zu einigen Monaten vor seiner Operation geschehen waren, konnte er behalten. (70)

Der Hippocampus scheint in erster Linie für das Überführen von Inhalten in das Langzeitgedächtnis zuständig zu sein. Im Interesse der Einfachheit beschränke ich mich hier im wesentlichen auf seine Funktionen.

Beim Erklären von Gedächtnisleistungen wird mit hypothetischen Begriffen gearbeitet wie Ultrakurzzeitgedächtnis oder sensorisches Gedächtnis, Kurzzeitgedächtnis, Langzeitgedächtnis und Arbeitsspeicher. Sie sind nötig, um Erklärungsmodelle verständlich und formulierbar zu machen. Das Verwenden dieser Begriffe soll jedoch nicht suggerieren, es gäbe im Gehirn tatsächlich einen bestimmten *Ort*, wo diese oder jene Eindrücke aufbewahrt würden.

Ein stark vereinfachtes Modell soll zeigen, wie nach dem derzeitigen Erkenntnisstand einer Reihe von Forschern (71) Speicherung und Verarbeitung von Eindrücken ablaufen. (Vgl. Abbildung Seite 117; Zeichnung nach einer Idee von Richard Thompson in: *Das Gehirn,* Heidelberg 1990)

Wir hören oder sehen etwas, das zunächst im **sensorischen Gedächtnis** landet, das manchmal auch Ultrakurzzeitgedächtnis (72) oder ikonisches Gedächtnis (73) genannt wird.

Dort bleiben Eindrücke maximal für circa eine halbe Minute. Wenn wir uns etwas für kurze Zeit merken wollen, so ist es am sichersten, das dauernd zu memorieren. Wir sagen uns beispielsweise eine Telefonnummer immer wieder vor, bis wir die Verbindung hergestellt haben.

Interessieren wir uns für etwas, berührt es uns emotional oder erinnert es uns an etwas bereits Erfahrenes, kurz: besitzt es für uns Relevanz, dann wandert es mit großer Wahrscheinlichkeit in unser **Kurzzeitgedächtnis.** Im Kurzzeitgedächtnis bleiben Eindrücke meist ein bis zwei Tage (74), können sich aber auch einige Wochen dort aufhalten (75).

Für das schulische Lernen ist nun die Frage aller Fragen: Wie können wir erreichen, daß gelerntes Wissen im **Langzeitgedächtnis** landet?

Dorthin führt nur ein Weg: Eindrücke müssen lange genug – meistens genügt ein Zeitraum von mehreren Wochen – in den Schaltkreisen des Kurzzeitgedächtnisses bleiben, dann werden sie schließlich langfristig gespeichert.

Dieses mittelfristige Verweilen im Kurzzeitgedächtnis kann erreicht werden durch häufige – am besten tägliche – Wiederholung. Neue Fakten müssen gleichsam – wie ein Flugzeug, das auf die Landeerlaubnis wartet – Warteschleifen fliegen.

Was nicht wiederholt wird, wird vergessen, es sei denn, es hätte einen so starken emotionalen Eindruck bei uns hinterlassen, daß es von allein – ohne bewußte Wiederholung – lange genug in unserem Bewußtsein bleibt, um sich uns dauerhaft einzuprägen.

Eine Ausnahme für die Langzeitspeicherung gibt es:

Visuelle Eindrücke können manchmal direkt, ohne Passage durch das Kurzzeitgedächtnis, in das Langzeitgedächtnis gelangen.

Dieses Erklärungsmodell soll nun in einigen Punkten genauer dargestellt werden.

Kurzzeitgedächtnis

Dieser Begriff wird in der Fachliteratur nicht einheitlich gebraucht. Während Thompson ihn synonym für Arbeitsspeicher verwendet (76), plädiert Charles Krebs (77) für eine strikte Trennung von „Arbeitsgedächtnis" und „Kurzzeitgedächtnis". Einigkeit herrscht in den mir bekannten Quellen darüber, daß das mittelfristige Speichern von Informationen und deren Überführung in das Langzeitgedächtnis über den Hippocampus erfolgt, die Gehirnregion, die an der Innenseite des Schläfenlappens liegt (Abbildung S. 114). Im folgenden soll der Begriff Kurzzeitgedächtnis für diese Funktionen des Hippocampus verwendet werden.

Der Fall von H.M. (S. 114) hat gezeigt: Ohne Hippocampus ist es nicht möglich, aktuelle Eindrücke über den Augenblick hinaus im Bewußtsein zu behalten. Es ist eine schreckliche Vorstellung, beim Dessert schon nicht mehr zu wissen, welchen Hauptgang man hatte. Es scheint aber die zentrale Voraussetzung für dauerhaftes Lernen zu sein, daß neue Eindrücke oder Informationen für eine gewisse Zeit im Speicher des Hippocampus am Leben gehalten werden.

Es ist wohl eine allgemeine Erfahrung, daß wir uns an Schwärmereien aus unserer Jugend ein Leben lang erinnern. Wir mußten den Gegenstand unserer Träume nicht wie englische Vokabeln täglich memorieren, sondern wir waren emotional so stark beteiligt, daß das Bewußtsein: „Ich liebe Hannelore" (oder Jens oder wen auch immer) einfach da war. Auch andere Eindrücke, die uns emotional beschwingen oder erschüttern, bleiben ganz von selbst lange genug präsent, um dauerhaft gespeichert zu werden.

Anders ist es mit schulischem Wissen, das wir uns aneignen sollen. Hier wäre es natürlich der Idealfall, wenn wir uns dafür begeistern könnten, denn dann wäre diesem Wissen ein starker Aktualitätsgrad im Hippocampus sicher und damit auch der Zugang zum Langzeitgedächtnis.

Eines kann als verbürgt betrachtet werden: Am konsequenten Üben führt kein Weg vorbei. Derjenige, der von einer Sache begeistert ist, wird sich aus eigenem Antrieb so lange damit beschäftigen, bis er sie beherrscht. Der andere muß zum Üben angehalten werden.

Arbeitsgedächtnis oder Arbeitsspeicher

Es besitzt Ähnlichkeit mit dem Kurzzeitgedächtnis, weil es Informationen aus diesem benutzt, hat aber auch Zugang zu Erfahrungen, die bereits im Langzeitgedächtnis gespeichert wurden. Es verknüpft für seine neuen Entscheidungen alle bekannten Fakten. Dabei muß es sich kurzfristig Gedanken merken,

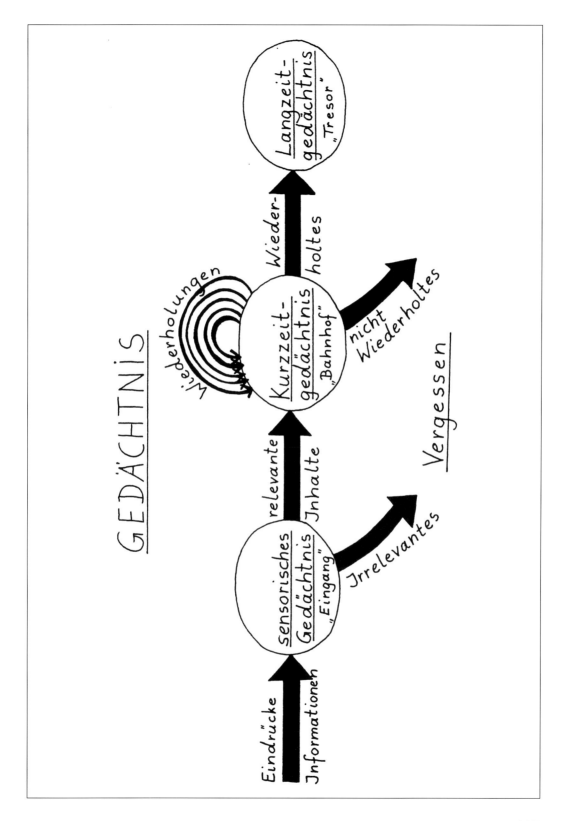

GEDÄCHTNIS

Eindrücke / Informationen

sensorisches Gedächtnis „Eingang"

relevante Inhalte

Kurzzeit-gedächtnis „Bahnhof"

Wiederholungen

Wieder-holtes

Langzeit-gedächtnis „Tresor"

nicht Wiederholtes

Irrelevantes

Vergessen

zum Beispiel eine Reihe von Einzelinformationen, die in einer sinnvollen Verbindung und Abfolge aufgeschrieben werden sollen.

Das Arbeitsgedächtnis wird von den Stirnlappen der Großhirnrinde aus gesteuert, wenn auch andere Bereiche – wie zum Beispiel der Hippocampus – unterstützend tätig sind. (78)

Langzeitgedächtnis

Es gibt mittlerweile eine Fülle von Forschungsergebnissen, die belegen, daß bei der Langzeitspeicherung von Erfahrungen strukturelle Veränderungen an den Synapsen der Nervenzellen in den Assoziationsfeldern der Großhirnrinde stattfinden.

So haben William Greenough und seine Mitarbeiter an der Universität Illinois in zahlreichen Experimenten bewiesen, daß Lernerfahrungen zu stärkeren Verzweigungen der Dendriten führen. (79) Wir haben im Kapitel über die Postboten (S. 13 ff.) erfahren, daß Dendriten die Eingangskanäle sind, auf denen Informationen zu einer Nervenzelle gelangen. Kommunikation im Nervensystem geht über Dendriten, Axone, Synapsen.

Gary Lynch hat mit seinem Forscherteam an der Universität Irvine jahrelang Tausende von elektronenmikroskopischen Untersuchungen durchgeführt und festgestellt, daß sich beim Lernen die Synapsen bis zu 30 Prozent vermehren können. (80)

Es finden also beim langfristigen Lernen Strukturveränderungen in den entsprechenden kortikalen Bereichen statt. Bei jeder Wiederholung kommt es zu einer geringfügigen Veränderung der Synapsen. Nach einer genügenden Anzahl von Wiederholungen ist die Veränderung deutlich genug, um die neue Erfahrung dauerhaft im Gedächtnis aufzubewahren.

Das soll nun allerdings nicht heißen, wir könnten jederzeit über alles, was wir dauerhaft gespeichert haben, verfügen. Nur 1 Prozent der „Dauerinformationen" in unserem Gehirn können wir ohne einen Auslöser wieder hervorholen.

Beim schulischen Lernen geht es jedoch erst einmal darum, Informationen überhaupt in das Langzeitgedächtnis hinein zu bekommen. Denn nur das, was sich dort befindet – wo auch immer „dort" genau sein mag –, kann als gelernt betrachtet werden.

*

Neben dieser Kategorisierung des Gedächtnisses nach hypothetischen Speicherorten einer Information wird es auch unterteilt in verschiedene Kategorien, die sich nach der *Art* der gespeicherten Information richten. Zwei große Ordnungskriterien gibt es, in denen wir alles Gelernte unterbringen können.

Das deklarative Gedächtnis „enthält" alles, was wir bewußt durch Sprache, Gestik oder Schrift wiedergeben können. Es betrifft das Was der gespeicherten Inhalte.

Das prozedurale Gedächtnis „enthält" alle Abläufe, Bewegungsabfolgen, praktischen Fertigkeiten, die wir durch Tun wiedergeben können. Es betrifft das Wie der gelernten Inhalte, ob es nun um Radfahren, Stricken, Tanzen oder das Kneten von Hefeteig geht.

Das deklarative Gedächtnis kann wiederum unterteilt werden in ein semantisches und ein episodisches Gedächtnis. Mit „semantisch" ist jegliches Faktenwissen gemeint, von Fremdsprachen über Mathematik bis zu lyrischen Gedichten. Begebenheiten aller Art, ob erlebt, gesehen oder gehört, bekommen in diesem Zusammenhang das Etikett „episodisch".

So ergibt sich folgender vereinfachte Überblick:

Aufbewahrungsorte für einlaufende Informationen		
sensorisches Gedächtnis	Kurzzeitgedächtnis im Hippocampus	Langzeitgedächtnis in den Rindenfeldern des Neokortex

Gedächtnisqualitäten		
deklaratives Gedächtnis Gedächtnis für das Was		**prozedurales Gedächtnis** Gedächtnis für das Wie Bewegungsabläufe Handlungsfolgen praktische Fertigkeiten
semantisches Fakten	**episodisches** Stories	

Der Vollständigkeit halber muß noch erwähnt werden, daß zwar bei semantischen und episodischen Inhalten das Kurzzeitgedächtnis im Hippocampus quasi als Verladebahnhof dient, von dem aus das zu Lernende in das Langzeitgedächtnis transportiert wird, daß aber prozedurale Inhalte anders abgespeichert werden. So konnte der Patient H.M. nach der beidseitigen Hippocampusentfernung Bewegungsabläufe weiterhin fast unbeeinträchtigt erlernen, während ihm das Speichern neuer episodischer oder semantischer Inhalte unmöglich war.

Für prozedurales Lernen scheint nach neueren Erkenntnissen das Kleinhirn der Langzeitspeicher zu sein. Auf welchen Wegen dieses Lernen geschieht, ist jedoch noch nicht genau entschlüsselt. Richard F. Thompson schreibt:

> „Wissenschaftler, die theoretische Modelle neuronaler Systeme erarbeiten, an erster Stelle David Marr vom *Massachusetts Institute of Technology,* vermuten, daß das Kleinhirn eine Lernmaschine par excellence sei, deren Aufgabe darin bestehe, Gedächtnisspuren für geübte Bewegungen zu formen, zu speichern und wieder abzurufen." (81)

Die Geschichte

Die Tatsache, daß dauerhaftes, solides Lernen nicht so flugs im Vorbeigehen passiert, sondern mit ernsthafter und manchmal auch unbequemer Arbeit verbunden ist, gehört zu den Erkenntnissen, die für viele Kinder eher schmerzhaft sind. Gerade deshalb ist es wichtig, daß sie zumindest eine Ahnung von den Mechanismen haben, die dem zugrunde liegen. Die Handlungsidee für Langzeitspeicherung ist folgende:

1. Einpacken
Unsere braven Postboten packen Informationen ein, die bei Lukas und Rita durch Nachdenken, Aufschreiben, handelndes Umgehen mit Material, Üben usw. zur Abholung bereit stehen.

2. Abfahren
Mit ihren Köfferchen laufen sie zum Bahnhof (Hippocampus) und warten dort auf einen Zug.

3. Im Gedächtnis
Am Zielbahnhof „Gedächtnis" kommen sie an und suchen sich den Weg zu ihrem Haus. Jede Art von Aufgaben wohnt in einem eigenen Haus.

4. Rückreise
Wenn das Gelernte wieder gebraucht wird, ruft der Gehirnbesitzer in dem entsprechenden Häuschen an und sagt: „Sofort kommen, ich brauche dich!" Der Postbote flitzt dann los, zurück zum Gedächtnisbahnhof. Er fährt wieder zum Hippocampus, und von dort geht's zu Lukas und Rita.

5. Ankunft
Der Gehirnbesitzer weiß jetzt die Lösung für seine Aufgabe. –

Die einzelnen Punkte können je nach Bedarf vertieft werden.

1. Einpacken

Immer, wenn nachgedacht, geübt und gelernt wird, sind Lukas und Rita dabei. Die Postboten helfen bei der Arbeit, bringen Material, sortieren es und machen sich auf viele Arten nützlich. Das, was beim Lernen herausgekommen ist, wird von ihnen eingepackt in ihre Köfferchen.

*Wenn eine Rechenaufgabe nur geschrieben wird, gibt es einen Postboten und ein Köfferchen. Wird die Aufgabe auch noch mit Material gelegt, muß ein zweiter Postbote ein zweites Köfferchen packen. Wird die Aufgabe dazu noch laut und deutlich gesprochen, packt ein dritter Postbote ein drittes Köfferchen. **Je mehr verschiedene Arbeitsweisen, desto mehr Postboten und Köfferchen.***

2. Abfahren

Das Gelernte soll nun in das Gedächtnis transportiert werden, damit wir es nicht vergessen. Die Postboten laufen zum Bahnhof. Von dort gehen Züge ab, das weiß jeder. Wenn Kinder sehr gründlich üben, dann stehen oft drei, vier oder fünf Postboten für ein und dieselbe Aufgabe da. Die schleppen natürlich massenhaft Informationen ins Gedächtnis. (Vgl. Bild auf der folgenden Seite oben)

3. Im Gedächtnis

Die Postboten freuen sich, wenn sie im Gedächtnis ankommen. Lustig hüpfen sie aus dem Zug und suchen sich ihre Wohnung.

Damit sie in ihre kleinen Häuschen kommen, müssen sie über eine große Wiese laufen.

Du weißt ja, wie das ist: Je öfter jemand über eine Wiese läuft und je mehr Leute das tun, desto stärker wird das Gras zertrampelt. Es kann dann sein, daß auf dem Weg überhaupt kein Gras mehr wächst. Auf dem nächsten Bild kannst du ganz deutlich sehen, zu welchen Häusern schon viele Postboten gelaufen sind.

Der deutlichste Weg führt zum Zweier-Haus. Und beim Siebener-Haus, da ist fast noch keiner durchgelaufen. Das ist ja nur eine winzige Spur, kaum sichtbar.

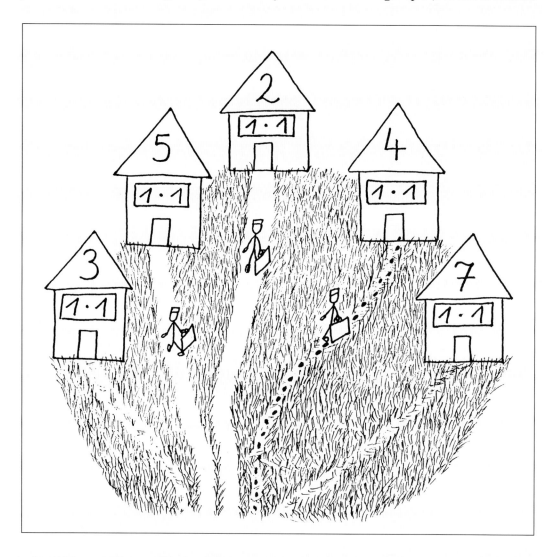

4./5. Rückreise und Ankunft

Wenn du etwas lernst, dann möchtest du natürlich, daß du es dann weißt, wenn du es brauchst. Die Postboten haben ihre Koffer zu den kleinen Häuschen gebracht, zum Beispiel die Rechenaufgaben, wie du es auf dem vorigen Bild gesehen hast. Stellen wir uns vor, du möchtest jetzt wissen: Wieviel ist 3 mal 2? Du denkst an diese Aufgabe. Das ist ungefähr so, als würde es bei dem Postboten im Zweier-Häuschen läuten, zum Zeichen, daß er zurückkommen soll. Wir haben es ja auf dem Bild gesehen: Zu den Zweier-Aufgaben führt ein breiter Trampelpfad, da ist schon so oft jemand gelaufen. Der Postbote geht also vor die Haustür – natürlich mit seinem Koffer –, sieht sofort den Weg zum Bahnhof, rennt los und fährt zurück. Wenn er bei Lukas und Rita ankommt, weiß der Gehirnbesitzer die Lösung. Natürlich: 3 mal 2 ist 6!

Anders ist es, wenn der Gehirnbesitzer eine Siebener-Aufgabe braucht. Du hast ja gesehen: Der Weg zum Siebener-Haus ist fast nicht erkennbar. Wenn nun der Gehirnbesitzer zum Beispiel wissen will: „Wieviel ist 5 mal 7"?, dann läutet es bei dem Siebener-Postboten. Er läuft auch vor die Tür, aber ... er findet den Weg zurück zum Bahnhof nicht mehr. Hier siehst du es deutlich. Das Gras hat sich wieder aufgerichtet, keine Spur ist zu sehen.

 Der Gehirnbesitzer aber ist ratlos und denkt und denkt: Wieviel ist bloß 5 mal 7? Es fällt und fällt mir nicht ein!

Für die Praxis

Die Wege, die allmählich auf der Wiese zu den Häuschen im Gedächtnis getrampelt werden, entstehen genauso langsam und allmählich wie in der neurologischen Realität die strukturellen Veränderungen an den Synapsen.

Es gehört zum Erfahrungsschatz der Kinder, daß Gras, über das nur einmal gegangen wurde, sich wieder aufrichtet, so daß bereits einige Tage später keine Spur mehr zu sehen ist.

Wenn wir uns vergegenwärtigen, daß neue Informationen im Kurzzeitspeicher Hippocampus zunächst ein bis zwei Tage gegenwärtig sind, so wäre das die Analogie zu dem einmaligen Über-die-Wiese-Gehen.

Das bewußte Wiederholen – für echtes Lernen unabdingbar – könnte verglichen werden mit dem allmählichen Eintreten dauerhafter Wege in die Wiese.

Es genügt allerdings nicht, daß etwas zu Lernendes alle paar Wochen einmal wiederholt wird, denn das würde bedeuten, daß von vorne begonnen werden müßte. Auch das ist wie auf der Wiese: Wenn alle vier Wochen einmal jemand darübergeht, bleibt keine dauerhafte Spur zurück.

Um Lernstoff langfristig zu speichern, muß er im günstigsten Fall einige Wochen – manchmal auch einige Monate – täglich oder zumindest jeden zweiten Tag wiederholt werden.

Um einen Weg, auf dem überhaupt kein Gras mehr wächst, in die Wiese einzutreten, muß sie oft und in kurzen Abständen von möglichst vielen Leuten – und das für einige Zeit – begangen werden.

Es ist günstig, über möglichst viele Kanäle zu lernen, möglichst „ganzheitlich". Bei manchen Kindern genügt es für die Rechtschreibarbeit, wenn sie sich ein Wort gut ansehen und es noch einige Male abschreiben. Viele Kinder brauchen aber ein Mehr an Input. Ihnen hilft es, das Wort in verschiedenen Farben zu schreiben, mit dem Körper in die Luft zu malen, blind zu schreiben, es in einer Kiste mit Sand nachzuspuren, mit Plastilin zu formen, ein Plastilinwort blind abzutasten und es auf diese Weise zu lesen.

Beim Rechnen sollte mit Material gelegt, gemalt, gesprochen, geklatscht und gehüpft werden, um möglichst viele Eingangskanäle zu beteiligen.

Bei unseren Postboten wäre das dann so, daß für ein Rechtschreibwort oder eine Rechenaufgabe nicht nur jeweils einer in den Zug stiege, sondern vielleicht eine ganze Gruppe, je nachdem, wie vielfältig geübt würde. Daß vier oder fünf Postboten auf der Wiese deutlichere Spuren hinterlassen als einer, ist einleuchtend.

Informationen, die einmal in unser Gehirn gelangt sind, sollen wir bei Bedarf wieder abrufen können. Das klappt aber nur, wenn „Gedächtnisspuren" da sind, wenn ausreichende strukturelle Veränderungen an den Synapsen stattgefunden haben. Sonst finden die Informationen den Weg nicht mehr zurück.

Das ist dann wie bei den Postboten, die ratlos vor ihrem Häuschen stehen und nicht mehr erkennen können, in welcher Richtung der Bahnhof liegt, weil sich das Gras längst wieder aufgerichtet hat.

In unserem Schulalltag sollten wir diese Tatsachen im Hinterkopf immer parat haben, dann werden wir wahrscheinlich einige höchst wirksame Maximen für unsere Arbeit aufstellen:

- Was dauerhaft gespeichert werden soll, muß für einen Zeitraum von vier bis sechs Wochen mindestens jeden zweiten Tag geübt werden.
- Lerninhalte werden auf mehrere verschiedene Arten bearbeitet, unter Aktivierung möglichst vieler Eingangskanäle.
- Täglich zehn Minuten üben bringt mehr als einmal in der Woche eine ganze Stunde.
- Grundlegendes wird am besten epochal, dann aber intensiv und täglich, eingeübt.
- Die wöchentliche Schönschreibstunde bringt nicht annähernd soviel wie eine Schönschreibepoche von einigen Wochen, in der täglich intensiv an der Verbesserung des Schreibflusses oder der Schriftformen gearbeitet wird.
- Gerade schwache Schüler können sich am Wochenende eine zweitägige Lernpause bei kritischen Stoffgebieten (Einmaleins, Rechtschreiben) nicht leisten, sondern sollten wenigstens an einem der beiden schulfreien Tage kurz üben.

Die lernbiologischen Hintergründe für die Langzeitspeicherung von Informationen sollten auch den Eltern mitgeteilt werden, um sie für aktive häusliche Unterstützung zu gewinnen, und auch, damit sie verstehen, warum der Unterricht so und nicht anders gestaltet wird.

Es ist wunderbar, wenn Lehrer darüber nachdenken, wie Schule attraktiver gestaltet werden kann. Daß der altmodische Aspekt des beständigen Übens gebührend gewürdigt wird, ist jedoch unzweifelhaft auch von größter Notwendigkeit.

Der Abschnitt über die „Trampelpfade" hat hoffentlich dazu beigetragen, Ihnen Argumente zu vermitteln, mit deren Hilfe Sie diese Notwendigkeit des Übens besser „verkaufen" können.

Zusammenfassung

Das, was beim Lernen in unserem Gehirn abläuft, ist so spannend wie ein Krimi. Obwohl noch längst nicht alle Abläufe erforscht sind, kann uns das bereits Bekannte wertvolle Hilfen vermitteln, um Schule ökonomischer, lustvoller, erfolgversprechender, kurz: professioneller zu gestalten. Hier noch einmal in Stichpunkten die wichtigsten lernbiologischen Fakten:

Informationen werden in unserem Nervensystem auf chemischem und elektrischem Weg weitergegeben. Sie „springen" auf chemischem Weg mit Hilfe eines Neurotransmitters über den synaptischen Spalt auf die Dendriten einer Nervenzelle. Dort setzen sie eine elektrische Kettenreaktion in Gang. Das Neuron feuert. Der Impuls wandert am Axon entlang aus der Nervenzelle fort zur nächsten Synapse, hüpft mit Hilfe des Neurotransmitters auf die Dendriten der nächsten Nervenzelle usw.

Im Idealfall werden Verhalten und Bewegungen von kortikalen Regionen bewußt gesteuert. Unbeherrschte, zappelige und unaufmerksame Kinder mit mangelnder Bewegungskompetenz unterliegen zu einem größeren Anteil subkortikalen Einflüssen als konzentrierte und beherrschte Kinder mit gut entwickelten Bewegungsmustern.

Nicht alle Kanäle unseres Wahrnehmungssystems verfügen über ihre volle Leistungsfähigkeit. Wir können visuell, auditiv oder propriozeptiv eingeschränkt sein und deshalb Inputs schwerer empfangen.

Wenn die einfachen, direkten Zugangswege blockiert sind, wird nach Umwegen gesucht. Wer die direkten Wege verfügbar hat, lernt leichter.

Viele Gehirnbereiche müssen für erfolgreiches Lernen zusammenarbeiten. Das wichtige Zusammenspiel von rechter und linker Hemisphäre kann durch entsprechende didaktische Maßnahmen relativ leicht gefördert werden.

Eine ruhige Lernatmosphäre, gezielte Entspannung, passende Musik und Abbau von Lernstreß begünstigen das Auftreten langsamerer Gehirnwellen, die wiederum einhergehen mit einer größeren Aufnahmekapazität.

Lernen kann verhindert werden, wenn es gekoppelt ist mit Angst, Unlust, Schmerz. Der Sortierer Thalamus läßt dann Informationen entweder gar nicht vordringen, oder er verhindert ihr Wiederaufrufen. Einschlägige Negativprogrammierung von Lernen schlechthin kann hartnäckige und langfristige, vielleicht sogar lebenslange, Lernstörungen zur Folge haben.

Bei akutem Lernstreß kommt es zu Denkblockaden. Die Rezeptoren der Dendriten werden von Antagonisten der erwünschten Neurotransmitter besetzt.

Diese Antagonisten verhindern ein Feuern der Neuronen und somit ein Weitergeben von Impulsen. Unser Gedächtnis ist blockiert, wir können das Gelernte nicht mehr abrufen.

Eine herausragende Rolle für unsere Lernfähigkeit spielen die Funktionen des Innenohrs. Gerade in diesem Bereich sind sehr viele Schüler heute defizitär. Das kann sich negativ auf die Leistungen im Lesen, Schreiben und Rechnen auswirken. Bei einer Reduzierung der propriozeptiven und vestibulären Leistungsfähigkeit übernimmt das Auge Zusatzaufgaben und arbeitet dann unter Umständen im eigentlich visuellen Bereich weniger effektiv und zuverlässig.

Lernen heißt, Eindrücke im Langzeitgedächtnis speichern. Um das zu erreichen, müssen sie für einen bestimmten Zeitraum – einige Wochen oder Monate – im Kurzzeitgedächtnis präsent bleiben.

Ohne Wiederholung behält das Kurzzeitgedächtnis neue Informationen höchstens zwei Tage. Vom Beginn der Erstaufnahme neuer Eindrücke bis zu ihrer dauerhaften Speicherung im Langzeitgedächtnis muß also mindestens jeden zweiten Tag eine bewußte Wiederholung erfolgen.

Für die Zukunft

Die grundlegenden Lernmechanismen wurden hier vorgestellt. Natürlich gäbe es über diese Thematik unendlich viel mehr zu sagen. Wenn Sie vom Krimi „Lernen und Gehirn" fasziniert sind, werden Sie vermutlich nach weiteren Informationen suchen.

Unbedingt zu empfehlen ist der Klassiker der neurologischen Unterhaltungsliteratur: *Der Mann, der seine Frau mit einem Hut verwechselte.* Der Neuropsychologe Oliver Sacks berichtet in 20 Geschichten über Fälle aus seiner Praxis: spannend, unterhaltsam, verständlich und informativ. (82)

Ebenfalls ein Lesevergnügen ist das Buch *Brain Sex* von Anne Moir und David Jessel. (83) Hier geht es um die Unterschiede zwischen den Gehirnen von Männern und Frauen – ein brisantes Thema.

Alles über die funktionelle Hemisphärenasymmetrie (die verschiedenen Vorlieben von Lukas und Rita im rechten und linken Gehirn) erfahren Sie bei: Sally P. Springer und Georg Deutsch: *Linkes Gehirn, rechtes Gehirn.* (84) Umfassende Informationen enthält *Das Gehirn* von Richard F. Thompson. (85)

Die Beschäftigung mit der aufregenden Materie Gehirn macht Ihnen möglicherweise Lust, selbst weitere Brainstories zu erfinden.

Vielleicht über die Stirnlappen des Neokortex? Dort findet Planung und Steuerung statt. Dort ist also gewissermaßen das Büro des Chefs (bei Buben) oder der Chefin (bei Mädchen).

Oder über die Zusammenarbeit zwischen dem Innenohr und dem Kleinhirn?

Vom Kleinhirn werden Bewegungen so reguliert, daß sie fließend, harmonisch und „schön" sind. Dort sitzt der Sporttrainer. Er bekommt über Funk Meldungen vom faulen Willi aus dem Innenohr, wie es um unseren Muskeltonus und unser Gleichgewicht gerade steht, und richtet danach seine Kommandos. Bleiben die Meldungen aus, kann er sein Training nicht durchführen, und die Bewegungen werden unkoordiniert.

Schlußgedanken

Aus den Brainstories und den dazugehörigen Hintergrundinformationen können Sie mehrfachen Nutzen ziehen. Sie werden wahrscheinlich in Zukunft manche Leistungsausfälle bei Ihren Schülern mit anderen Augen betrachten.

Sie können Lernen so organisieren, daß präventiv gewisse Störungen vermieden werden, und sind öfter in der Lage, bei auftretenden Problemen angemessen zu reagieren.

Sie können Ihren Schülern helfen, ihr eigenes Lernverhalten besser zu verstehen.

Sie können Eltern professionell informieren und ihnen mit konkreten Tips weiterhelfen.

Für all das sollten Sie jedoch die Informationen dieses Buches im wesentlichen parat haben, das heißt, Sie müßten sie eigentlich lernen.

Der Weg zur Langzeitspeicherung ist Ihnen bekannt: Beschäftigen Sie sich mit der Thematik eine Zeitlang häufig. Blättern Sie im Buch, schauen Sie sich die Bilder an. Sie sind eine hervorragende Gedächtnisstütze (rechtshirnig) für die logischen (linkshirnigen) Zusammenhänge und Fakten.

Lassen Sie sich von den manchmal recht komplizierten Abläufen nicht ins Bockshorn jagen.

Damit würden Sie nur den gefräßigen Thalamus aus seiner Höhle locken, und der soll lieber bleiben, wo er ist.

Wenn Sie beim Spazierengehen an die Helden der verschiedenen Geschichten denken, aktivieren Sie weitere zusätzliche Kanäle und schicken ganze Horden von Postboten über die Wiese an der Gedächtnishaltestelle.

Machen Sie den Einstieg in Ihrer Klasse mit einer Geschichte, die Ihnen persönlich besonders liegt. Sie können sich die Bilder auf Folie zum Herzeigen kopieren. Wenn Ihnen der Sachverhalt vertraut ist, wird auch kein akuter Streß beim Erzählen auftreten. Ihre Postboten können dann ungehindert von schwarzen Sheriffs über die Synapsen springen und ihre Köfferchen mit den Informationen bei Lukas und Rita abliefern.

Lassen Sie beide beim Erzählen mitmachen: Lukas sorgt für den logischen Ablauf, und Rita bringt den Schuß Dramatik mit ins Spiel, der eine Geschichte für Ihre Schüler besonders attraktiv macht.

Gestatten Sie es sich selbst, an den Stories Spaß zu haben, und lassen Sie sich auf keinen Fall von dem Gedanken beunruhigen, Sie könnten irgendeine

Einzelheit nicht „richtig" erzählen. Das Ganze zählt, und das ist positiv. Wissen ist nicht nur Macht, Wissen sorgt auch dafür, daß Ängste und Zweifel abgebaut werden.

Wenn Ihnen das bei Ihren Schülern ein Stück weit gelingt, dann haben Sie für deren Zukunft mehr getan, als in den Lehrplänen steht.

Literaturverzeichnis

1) Lotte Schenk-Danzinger: *Pädagogische Psychologie,* Wien 1972, S. 208 ff.

2) Marianne Frostig: *Wahrnehmungstraining,* Dortmund 1974
   Rudolf Müller: *Frühbehandlung der Leseschwäche,* Weinheim/Basel 1987
   Brigitte Sindelar: *Lernprobleme an der Wurzel packen,* Wien (o.J.)

3) Frederic Vester: *Denken, Lernen, Vergessen,* München 1978

4) ebd., S. 76 f.

5) Paul E. Dennison/Gail E. Dennison: *Brain-Gym®,* Freiburg 1992

6) Christina Buchner: *Brain-Gym® & Co. – kinderleicht ans Kind gebracht,* Freiburg 1997 (im folgenden: Buchner 1997 a)

7) Zitiert in: Charles T. Krebs/Jenny Brown: *Lernsprünge. Eine bahnbrechende Methode zur Integration des Gehirns,* Freiburg 1998, S. 76

8) Werner Kahle: *dtv-Atlas der Anatomie,* Band 3, Stuttgart 1991, S. 32 ff.

9) David F. Culclasure: *Anatomie und Physiologie des Menschen,* Band 13, Weinheim 1991, S. 30

10) Buchner 1997 a,

11) Culclasure, a.a.O., S. 73

12) Frostig, a.a.O.

13) Sindelar, a.a.O.

14) Jean Ayres: *Bausteine der kindlichen Entwicklung,* Berlin 1984

15) Dennison, a.a.O.

16) Buchner 1997 a, S. 105

17) ebd., S. 221 f.

18) Christina Buchner: *Stillsein ist lernbar. Konzentration, Meditation, Disziplin in der Schule,* Freiburg 1994
   Christina Buchner/Silvia Wimmer: *Wassermann und Eskimo. Bilder und Texte zum Konzentrieren und Entspannen für Kindergarten, Schule und Familie,* Freiburg 1997

19) David F. Culclasure: *Anatomie und Physiologie des Menschen,* Band 14, Weinheim 1991, S. 34 f.

20) Kahle, a.a.O., S. 112 f.

21) Buchner 1997 a, a.a.O.

22) Krebs/Brown, a.a.O., S. 147 f.

23) Alle Vorübungen zum Schreiben sind ausführlich besprochen in: Buchner 1997 a, S. 138 ff.

24) Waltraud Walbiner: *Edu-Kinesiologie – ein neuer Heilsweg in der Pädagogik,* Arbeitsbericht Nr. 290, Staatsinstitut für Schulpädagogik und Bildungsforschung, München 1997. Der Veröffentlichung des Arbeitsberichtes wurde vom Bayerischen Kultusministerium mit KMS Nr. III/6-04345-8/44186 vom 29.4.1997 u. III/6-04345-8115 349 vom 25.8.1997 zugestimmt.

25) Thomas R. Blakeslee: *Das rechte Gehirn. Das Unbewußte und seine schöpferischen Kräfte,* Freiburg 1982
Sally Springer/Georg Deutsch: *Rechtes Gehirn, linkes Gehirn,* Heidelberg 1990

26) Springer/Deutsch, a.a.O., S. 54 ff.

27) Kahle, a.a.O., S. 6 und S. 226

28) Hüholdt: *Wunderland des Lernens,* Bochum 1984

29) *Bewegte Grundschule, Band 1: Grundlagen.* Eine Initiative des Bayerischen Staatsministeriums für Unterricht, Kultus, Wissenschaft und Kunst, München 1997, S. 29 ff.

30) ebd., S. 48 f.

31) Ernst J. Kiphard: *Motopädagogik,* Dortmund 1980

32) Ayres, a.a.O.

33) Dennison, a.a.O.

34) Ingelid Brand/Erwin Breitenbach/Vera Maisel: *Integrationsstörungen,* Würzburg 1988

35) Buchner 1997 a

36) Vorwort von Dr. Elke Frey-Flügge zu: Walbiner, a.a.O.

37) G. Ojeman: *Einsicht ins Gehirn,* München/Wien 1995

38) Sheila Ostrander/Lynn Schroeder: *Leichter lernen ohne Streß,* Bern/München 1979, S. 66 ff.

39) Buchner 1997 a, S. 98 ff., und:
Elisabetta Furlan: *Komm wir spielen Yoga,* Freiburg 1991, S. 66 f.

40) Kareen Zebroff: *Yoga,* Frankfurt am Main 1975

41) Zahlreiche Anregungen zu Entspannungsübungen finden sich in: Buchner 1994 und Buchner/Wimmer 1997

42) Kahle, a.a.O., S. 202

43) Rudolf Bock: *Anatomie des Gehirns,* München 1998

44) Nach M. Moliné und J. Douce zitiert in: Hühholdt, a.a.O., S. 123

45) Hüholdt, a.a.O., S. 123

46) John Eccles, zitiert in: Hüholdt, a.a.O., S. 124

47) Otfried Preußler: *Der Räuber Hotzenplotz 3,* Stuttgart 1973

48) Mario Ohoven: *Die Magie des Power-Selling,* Landsberg/Lech 1993

49) Kahle, a.a.O., S. 52

50) ebd., S. 24

51) Richard F. Thompson: *Das Gehirn,* Heidelberg 1990, S. 111 ff.

52) Vester, a.a.O., S. 77

53) Robert Ornstein/Richard F. Thompson: *Unser Gehirn – das lebendige Labyrinth,* Reinbek bei Hamburg 1986, S. 94

54) ebd., S. 94

55) Der Ausdruck „Denkblockaden" stammt von F. Vester, a.a.O., S. 74 ff.

56) Kahle, a.a.O., S. 358

57) Alfred Tomatis: *Der Klang des Lebens,* Reinbek bei Hamburg 1987

58) Christina Buchner: *Kluge Kinder fallen nicht vom Himmel,* Freiburg 1997, S. 61 ff. (Buchner 1997 b)

59) *Pschyrembel Klinisches Wörterbuch,* Berlin/New York 1990, 256. Auflage, S. 1584

60) Buchner 1997 a, S. 84 ff.

61) ebd., S. 88

62) Zebroff, a.a.O.

63) Buchner 1997 a, S. 105

64) ebd., S. 23 ff.

65) ebd., S. 127 ff.

66) Anneliese Gaß-Tutt: *Tanzkarussell 1,* Boppard (o.J.)

67) Buchner 1997 a, a.a.O., S. 107 ff.

68) Thompson, a.a.O., S. 425 f.

69) K. S. Lashley: „In Search of the Engram", in: *Soc. Exp. Piol. Symp.* 4 (1950), S. 477 f., zitiert nach: Thompson, a.a.O., S. 394

70) Thompson, a.a.O., S. 425 f.

71) ebd., S. 379 u. 437

72) Hüholdt, a.a.O., S. 258

73) Thompson, a.a.O., S. 379

74) Hüholdt, a.a.O., S. 158

75) Krebs/Brown, a.a.O., S. 121

76) Thompson, a.a.O., S. 379

77) Krebs/Brown, a.a.O., S. 124 ff.

78) ebd., S. 125

79) Thompson, a.a.O., S. 435

80) Hüholdt, a.a.O., S. 162

81) Thompson, a.a.O., S. 325

82) Oliver Sacks: *Der Mann, der seine Frau mit einem Hut verwechselte,* Reinbek bei Hamburg 1987

83) Anne Moir/David Jessel: *Brain Sex,* Düsseldorf 1990

84) Springer/Deutsch, a.a.O.

85) Thompson, a.a.O.

86) Zitiert in: Hüholdt, a.a.O., S. 454

Über die Autorin und die Illustratorin

Christina Buchner ist Lehrerin (mittlerweile Rektorin) und erprobt seit mehr als zwanzig Jahren alternative Unterrichtsmethoden. Nach zehn Unterrichtsjahren an der Hauptschule wechselte sie an die Grundschule. Dort entwickelte sie eine neue Leselernmethode sowie Konzentrations-, Meditations- und Bewegungsübungen für Kinder; in fünf bereits bei VAK erschienenen Büchern stellte sie ihre Ideen und Erfahrungen vor: *Neues Lesen, neues Lernen; Lesen lernen mit links ... und rechts; Stillsein ist lernbar; Brain-Gym® & Co.; Wassermann und Eskimo.* Sie hält Vorträge und Seminare zur Lehrerfortbildung.

Silvia Wimmer widmete sich nach dem Studium der Kunstgeschichte zunächst der Erziehung ihrer Kinder. Seit einiger Zeit entwickelt sie Illustrationen für pädagogische Zwecke, häufig im Dialog mit ihren Kindern. Für VAK illustrierte sie bereits das Buch *Wassermann und Eskimo.*